SPI3を

ひとつひとつ
わかりやすく。

［監修］
山口 卓

Gakken

はじめに

　皆さんが過ごしてきたこの数年間を一言で
表すとすれば、どんな言葉になるでしょうか。
新型コロナウイルス感染症の世界的流行が起
こり、それに伴う東京オリンピックの延期。
さらに、ロシアとウクライナの紛争。また、
急激な円相場の変動など、世界でも、そして
日本国内でも大きな変化が起こっています。

　日常生活にも大きな変化を感じていることと思います。新型コロナウ
イルス感染予防対策から、不要不急の外出自粛、また、授業のオンライ
ン化が進み、クラスメイトがそばにいない不安な日々を強いられたので
はないでしょうか。今この瞬間でさえ 5 年後、10 年後の日本や世界、
そして自分がどのようになっているのか、想像できないという方もいる
かもしれません。

　でも、不安だから、将来がわからないから、ということを理由にして
何もしなくてよいわけではありません。企業の経営者も未来のことを考
えています。そしてその未来を一緒に創ってくれる仲間を待っています。
皆さんがさまざまな企業、さらには社会を創っていく一員となるために、
この本を活用していただけたら幸いです。

山口卓

就活
お役立ち情報

ボクはナイテイペンギン！
内定獲得をサポートするよ！

就活は情報戦

就活の準備は「情報の収集と整理」から！

　就活の準備と聞くと、エントリーシートの添削や面接の練習など、選考過程の対策をイメージする人が多いかもしれません。もちろん、選考過程の対策は重要ですが、つい見落とされがちなのが「**情報の収集と整理**」の段階。実は、「就活の始まりは、情報の収集と整理で決まる！」といっても過言ではないくらい重要なフェーズなのです。

情報をいち早くキャッチ。効率的に動く！

　卒業の前年度（大学3年生や修士1年生など）の夏前には就活の準備が始まります。この頃は、興味のある業界のインターンシップに参加する時期です。
　就活が本格化してくるのは、ちょうど学年が切り替わる3月からです。この時期は、各企業の会社説明会が毎日多く開催されると同時に、SPIなどの受検やエントリーシートの提出なども続き、一気に忙しくなります。そのため、**落ち着いている時期に情報収集し、効率的に動くようにしましょう**。

情報を整理する！

・業界研究
　まず第一におすすめしたいのは、自分が志望する業界や企業について調べること。業界や企業について調べることを業界研究といいます。世の中には非常にたくさんの企業があります。興味のある業界にはどのような企業があり、どのように関係しているのかを調べることで、新たに気になる企業が見つかるかもしれません。

・自己分析
　業界研究をするときに同時におすすめしたいのが、自分自身についての情報整理です。自分の専攻分野や好きな商品・サービス、希望する働き方など、「**自分**」に**関するさまざまな観点から志望業界を決めていくとよいでしょう**。このように、自分自身のプロフィールや強み・弱みなどを整理していくことを自己分析といいます。自己分析を行うと、就活の道筋がはっきり見えてきます！

就活準備を始めるのに
「早すぎる！」はない

業界研究や自己分析は、日常の意識を変えるだけでもすぐに始められます。たとえば、ニュースの特集から気になる企業を見つけたり、友人との会話から自分の強みを発見したりできるかもしれません。

就活が本格的に始まると、ゆっくりとした時間が取れなくなります。**早い段階から意識を変えて、こまめに「情報の収集と整理」を心がけていきましょう。**

学年	時期	主な出来事	
		外資系企業	日系企業
大学3年生や修士1年生など　卒業の前年度	6月	夏期インターンシップのエントリー	夏期インターンシップのエントリー
	7月	夏期インターンシップ開催	
	8月		夏期インターンシップ開催
	9月	エントリー期間	
	10月	選考 ・会社説明会 ・エントリーシートの提出 ・筆記試験や面接	冬期インターンシップのエントリー
	11月		
	12月		冬期インターンシップ開催
	1月		
	2月		
	3月	内々定	エントリー開始
大学4年生や修士2年生など　卒業する年度	4月		選考 ・会社説明会 ・エントリーシートの提出 ・筆記試験や面接
	5月		
	6月		
			内々定
	10月	内定式	

スケジュールは業界や企業によって異なるよ。
最新の情報は志望する企業の
採用サイトなどで確認しよう！

就活情報の集め方

【就活ナビサイト】

　ナビサイトでは、インターンシップや会社説明会実施の情報など、就活に役立つ情報が手に入ります。リクルートグループが提供するリクナビや株式会社マイナビが提供するマイナビなどの総合就職ポータルサイトが代表的ですが、外資系やベンチャー企業、ある業界に特化した専門のナビサイトもあります。自分自身の志望する業界や企業に合わせて活用するナビサイトを決めると、役に立つ情報を効率よく得ることができます！

【SNS】

　多くの企業は採用にSNSを活用しており、会社説明会の内容や選考情報などをSNSで告知したり、社内や社員の雰囲気を発信したりしています。いち早く情報をキャッチできるだけでなく、採用サイトだけでは伝わらない会社の様子が視覚的にわかるというメリットも。

　また、選考過程で役立つSPIや時事問題のポイント、面接のコツなどを発信しているアカウントもあり、対策にも活用できます。ただし、SNSを活用する際には発信元をしっかり確認し、情報の取捨選択をしましょう。

【就活対策書籍】

　就活対策書籍は、選考段階に応じてさまざまなジャンルのものがあります。たとえば、SPIや一般常識のような試験対策、エントリーシートの書き方や面接のコツの解説などです。自分が不安に思っていたり、対策をしておきたいと思ったりするものを選び活用しましょう（くわしくは9ページ参照）。

　また、企業情報や業界の関係性を紹介する書籍もあります。全体像を捉えるのが難しい業界や企業の関連がわかるため、業界研究には必須のアイテムです。ナビサイトやSNSとあわせて活用しましょう。

【大学のキャリアセンター】

　就職活動を支援するキャリアセンターでは、学内説明会やインターンシップなどの情報を得たり、エントリーシートの添削や面接の練習などの支援を受けたりすることができます。企業によっては、大学限定のイベントや、学部・研究科限定のインターンシップの案内がくることも。このようなキャリアセンターでしか入手できない情報もあるので、こまめにチェックするようにしましょう。

【説明会】

　就活の説明会で代表的なものは、大規模な会場で開催される総合型の説明会です。ここには、業界を問わず多くの企業が集まるため、想定していなかった業界や企業と出合うことができるというメリットがあります。

　また、大学内で開催される学内説明会には、卒業生が説明に来ることも多くあります。OB・OGから実際に苦労したことや、やっておいてよかったことなどの体験談を聞くことで、よりリアルに就活に向き合えるでしょう！

【OB・OG訪問】

　OB・OG訪問とは、志望する業界で働く先輩のもとを訪れ、実際の業務内容や業界・会社の情報を聞くこと。キャリアセンターに登録されている先輩の卒業後の進路を参考にしたり、友人・知人などに紹介してもらったりして、話を聞きたい先輩を探すとよいでしょう。ナビサイトやSNSなどでは手に入らない業務の実情や本音を聞くことができるので、志望度の高い企業であれば、ぜひOB・OG訪問をしてみることをおすすめします！

実際に働いている先輩の声は貴重だね！

先輩からのアドバイス

幅広く業界を見ていてよかった！

　就活を始めてすぐの頃は、自分が興味のある業界にしぼって活動をしていました。ところが合同説明会でまったく違う業界の会社の説明を聞き、その業界にも興味を持つようになりました。結果として、当初考えていた業界ではないところに就職することに。就活生のときほど多くの業界や企業と出合えるタイミングはありません。視野を広げる意識を持つと新しい発見があるかもしれませんよ。

業界研究や企業研究を念入りにすればよかった…

　就活が本格化してくると、毎日多くの会社説明会に参加したり、エントリーシートの準備をしたりと時間に追われるようになりました。目の前のことをこなすことで手一杯になってしまい、業界研究や企業研究は、つい後回しにしがちでした。エントリーシートを書くときになってから、「もっとちゃんとやっておけばよかった…」と後悔したので、これから就活を始めるという方は、時間に余裕があるときから調べ始めたほうがよいと思います。

SPIの対策を
早くからしておけばよかった…

　私は数学が苦手で、大学受験でも数学は使いませんでしたが、SPIの問題内容をみると数学の問題（非言語分野）が多くて困惑しました。あわてて対策をして、簡単な計算問題はすぐにできるようになりましたが、SPIの特徴的な出題形式に慣れるには時間がかかりました。就職活動が本格化する前に対策をしておけばよかったと後悔したので、みなさんにはぜひ早めに対策を始めることをおすすめしたいです。

就活をひとつひとつシリーズ

累計980万部突破のロングセラー参考書「ひとつひとつわかりやすく。」シリーズの就活版！　丁寧な解説でわかりやすく、効率よく就活を進めることができます。内定獲得を徹底サポート！

最新のシリーズ詳細は
こちらをチェック！

CONTENTS

PART 1 非言語分野

別冊 解答と解説

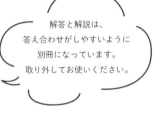

解答と解説は、
答え合わせがしやすいように
別冊になっています。
取り外してお使いください。

SPIとは？

SPIは応募者の性格や能力を測定する適性検査

SPI（Synthetic Personality Inventory：総合適性検査）は、社会人として求められる能力・性格を測定する適性検査として、現在の株式会社リクルートマネジメントソリューションズによって開発されました。今や多くの企業が新卒採用、中途採用で、このSPIをとり入れています。

SPIの検査は主に２つに分けられます。仕事における個人の知的な力を測る**基礎能力検査**と、個人の性格や仕事の適性を把握する**性格検査**です。企業は、基礎能力検査を通して応募者の潜在能力を測り、さらに性格検査を通して応募者がどのような人柄か、また、職務・組織にうまく適応できる人材であるかどうかを知る手がかりとします。

また、企業によってはSPIの結果によって面接を行うかどうかを決める場合もあります。もし応募者が面接の練習をしてすばらしい受け答えができるようになったとしても、SPIの結果によっては面接まで進めないこともあります。まずSPIを突破することが内定をつかむ条件になるので、就職活動をするうえで、SPI対策は避けて通れない道といっても過言ではありません。

受検内容は、主に基礎能力検査と性格検査に分類される

SPIの検査は、主に基礎能力検査と性格検査の２つ、そしてオプションとして英語能力検査と構造的把握力検査があります。本書は、特に基礎能力検査（非言語・言語）の対策を目的としています。

●基礎能力検査

基礎能力検査は、どの職種にも共通して求められる知的能力を測定する検査です。物事を合理的に考え、その考えに基づいて行動し、課題を解決できる能力を測る検査ともいえます。基礎能力検査は、主に非言語能力検査と言語能力検査の２つに分類されます。

非言語能力検査は、数的な処理、論理的思考力を測る検査です。計算能力や基礎的な数式の理解など、数学的な能力が求められます。

言語能力検査は、言葉の意味の把握や文章理解などを測る検査です。単語の知識や語彙力、読解力など、言語的な能力が求められます。

●性格検査

　性格検査は、日常の行動などに関する質問を通して、仕事上での人柄や、職務・組織への適応力を測る検査です。測定される内容は、「性格特徴」、「職務適応性」、「組織適応性」の３つがあり、たとえば、性格特徴の場合は「社会的内向性」や「達成意欲」など、職務適応性の場合は「関係構築」や「リーダーシップ」など、組織適応性の場合は「創造重視」や「結果重視」など、それぞれ複数の尺度を組み合わせて解釈することで、受検者の人物イメージを深めていきます。

●英語能力検査と構造的把握力検査

　英語能力検査は、基礎能力検査のオプションとして、総合商社や外資系企業など、英語力を重視する企業で採用されています。高校卒業レベルの英語力を想定しており、多くの受検者にとっては受験勉強で培った英語力がベースになると思いますが、SPI向けにある程度の対策は必要です。

　構造的把握力検査は、物事の背後にある共通性や関係性を構造的に把握する力を測る検査です。出題形式には非言語系と言語系の２種類があり、それぞれ基礎能力検査の非言語、言語の延長上に位置づけられます。現在のような変化の激しい時代では、未経験の問題に直面することがしばしば起こります。そのような問題を構造的に捉え、スムーズに意思疎通を図り、改善・解決のための行動を素早くとれる人材を、多くの企業が求めています。

☺ SPIには対象者別、目的別にさまざまな種類がある

　SPIにはさまざまな種類がありますが、大きくは、大卒者対象のSPI-U、社会人対象のSPI-G、高卒者対象のSPI-Hの３つに分けられます。この他に、SPI-P（性格検査のみ）、SPI-A（SPI-Uの短縮版）、SPI-B（研究開発職・SE採用）、さらに英語、韓国語、中国語に対応した外国籍の人材を採用するためのGSPIなどがあります。

［SPIの種類］

総合的なテスト	SPI-U（GAT-U）	大卒者を対象に行われる（新卒・第２新卒採用）。
	SPI-G（GAT-G）	社会人を対象に行われる（中途採用）。
	SPI-H（GAT-H）	高卒者を対象に行われる（高校新卒採用）。
	SPI-P	性格検査のみ。
専門テスト	SPI-A（GAT-A）	大卒者を対象に行われるSPI-Uの短縮版。
	SPI-B（GAT-B）	研究開発職やシステムエンジニアの採用。
	SPI-R（RCA）	大学・短大卒業者の一般職採用。
	SPI-N（NCA）	短大・高卒者の一般職採用。

※基礎能力検査のみのテスト（GAT）はペーパーテストとインハウスCBTで実施されます。

SPIの受検方式とは？

☺ SPIは企業によって受検方式が異なる

　SPIの受検方式は、大きく分けて、パソコンを使用する方式と紙媒体によるペーパーテスティング方式があります。このうち、パソコンを使用する方式には、「テストセンター」、「WEBテスティング」、「インハウスCBT」の３種類があります。現在、最も多くの企業が実施している方式は、テストセンターです。

テストセンター

性格検査を自宅などのパソコンで受検し、基礎能力検査を所定の会場で行う検査方式。会場はリアル会場とオンライン会場に分かれる。

[性格] 約30分（自宅）
[非言語・言語] 約35分
[英語] 約20分
[構造的把握力] 約20分

WEBテスティング

自宅や学校などのパソコンで受検する検査方式。指定された受検期間内であれば、都合のよい時間にいつでも受検できる。

[性格] 約30分
[非言語・言語] 約35分
[英語] なし
[構造的把握力] なし

インハウスCBT

企業内のパソコンで受検する検査方式。SPIの受検と面接を１日で行う場合がある。この方式を導入している企業は少ない。

[性格] 約30分
[非言語・言語] 約35分
[英語] なし
[構造的把握力] なし

ペーパーテスティング

企業へ出向いてマークシートで受検する検査方式。会社説明会などに合わせて実施されることが多い。

[性格] 約40分
[非言語・言語] 70分
　※非言語40分・言語30分
[英語] 30分
[構造的把握力] なし

※英語能力検査と構造的把握力検査の実施の有無は、企業によって異なります。

●テストセンター（P.018）

　全国に設置された専用会場のパソコンで監督者の監督のもと受検する検査方式です。受検者は指定された受検期間内で都合のよい時間・会場を予約して受検することができます。2022年10月に、自宅などから専用のシステムを通して有人監督のもと、テストを実施する「オンライン会場」が新設されました。

　また、テストセンターでは、過去1年以内に受検したことがある場合、毎回会場で受検しなくとも、前回受検時の結果を別の企業に再送信することができます。

●WEBテスティング（P.022）

　受検会場は特に決められておらず、企業が指定する受検期間内に自宅や学校などのパソコンで受検する検査方式です。この方式は、電卓の使用を前提としています。スマートフォンからの受検はできず、タブレット端末からの受検も推奨されていません。推奨されている動作環境を事前に確認しておきましょう。

　受検中にパソコンのトラブルが発生した場合は、ヘルプデスクに問い合わせて、再開のための対応をしてもらうことができます。

●インハウスCBT（P.024）

　指定された日時に応募企業または企業が指定する場所に出向き、指定のパソコンで受検する検査方式です。同じ日に面接も行えるため、企業にとっては適性検査と面接を1日で終了できるメリットがあります。しかし、この方式を採用している企業は少なく、1％程といわれています。

> 現在、企業がインハウスCBTを実施するのは、ほとんどが中途採用の場合だよ。ペーパーテスティングの場合と同様に、企業に出向いて受検するので、身だしなみに気をつけ、消しゴムのかすなどもきちんと持ち帰るようにしようね。

●ペーパーテスティング（P.024）

　応募企業または企業が指定する場所に出向き、マークシートで受検する検査方式です。開始前に問題冊子が配布されるので、パソコンで受検する方式とは異なり、受検者は全体の問題内容をはじめに確認することができます。そのため、1問にかける時間や解く問題の順番などを決めながら、効率よく解答することができます。ペーパーテスティングの場合、非言語・言語の制限時間70分以内に、70問（非言語30問・言語40問）を解答する必要があるので、時間配分が重要になります。

テストセンターとは？

😊 会場はリアル会場とオンライン会場の2種類に分かれる

　テストセンターは、SPIの中で最も多くの企業で採用されている方式です。全国主要都市に設置された会場に出向き、対面の監督のもと受検する「**リアル会場**」と、自宅などから専用のシステムを通して監督者と接続し受検する「**オンライン会場**」が設けられており、受検者が自身の都合に合わせてどちらの会場で受検するかを選択することができます。

● テストセンターの受検フロー

企業からの受検案内

志望する企業の選考にエントリーすると、企業から受検案内メールが届きます。メールにはテストセンターの予約サイトのURLが記されているので、そこから受検する日時と会場を仮予約します。

前回の受検結果の使い回しも、このサイトから行えるよ。

性格検査の受検

受検者は予約サイトで、予約操作を行った日の27時（翌日AM3:00）までに性格検査を受検します。性格検査を終えると受検予約が完了するので、基礎能力検査の会場を予約します。

予約の変更や取り消しは受検開始の1時間前まで受け付けているよ。

リアル会場

受検者は、専用会場に出向き、パソコンで基礎能力検査を受検します。

オンライン会場

受検者は、自宅などで、テストセンターのマイページからログインし、パソコンで基礎能力検査を受検します。

受検の流れ

①マイページにログイン
②パソコンの動作環境を確認
③監督者と接続
④WEBカメラを通じて受付
⑤有人監視のもと受検開始
⑥監督者と終了受付

結果が企業に送られる

受検が終了すると、結果が応募企業に送られるので、受検者は志望企業からの合否連絡を待ちます。

受検結果は企業だけに届き、受検者には届かないんだ。

☺ 志望する企業から受検案内のメールが届く

志望する企業の選考にエントリーすると、企業から受検案内のメールが届きます。メールには主に以下の情報が記載されています。

①テストセンターの予約サイトのURL

②企業別受検ID

③受検期限

初めてテストセンターで受検する場合は、メールに記載されている予約サイトのURLにアクセスし、画面の指示にしたがって、テストセンターIDの取得手続きを行います。その後、受検日時と会場を仮予約し、受検科目（オプション検査の有無など）を確認します。仮予約をすると、性格検査の受検案内メールが届くので、自宅のパソコンやスマートフォンなどで性格検査を期限までに受検します。

テストセンターIDはいちど取得したら他の企業での受検でも必要になるよ。忘れないように注意しようね。

☺ テストセンターの結果は使い回しができる

テストセンターは、**過去1年以内に受検した経験があれば、別の企業から受検依頼があったときに、最後に受検した結果を使い回すことができます**。予約サイトで仮予約をするときに、性格検査、基礎能力検査、オプション検査のそれぞれについて、「前回結果送信」を行うかどうかを選択できます。

ただし、使い回しができるのは最新の結果のみです。また、受検結果は受検者に伝えられないので、結果については、手ごたえを主観的に判断するしかありません。

☺ 身分証明書と受検票の準備を忘れずに

リアル会場では、受検当日、本人確認のための「**顔写真つき身分証明書**」と「**受検票**」が必要です。身分証明書は学生証、運転免許証、パスポートなどです。有効期限切れや、写真のかすれに注意しましょう。受検票は、WEB上でテストセンターの申込みをした際に出てくる「受検予約完了」の画面、または「テストセンター受検予約内容の確認メール」を印刷したものになります。

オンライン会場では、「**顔写真つき身分証明書**」、「**筆記用具（ボールペン不可）**」、「**メモ用紙（A4／2枚まで）**」が必要になります。

テストセンターの特徴とは？

😊 問題は1問（1組）ごとに制限時間がある

　下の図はテストセンターの受検画面の一例です。制限時間は2種類あり、画面右上の①で基礎能力検査全体の制限時間、画面左下の④で1問（1組）ごとの制限時間を確認します。②は全体の回答状況を表しており、①の経過時間と②の回答済み問題のバランスが一致していると、うまく時間配分ができていることになります。

①全体の制限時間（外側）
時間の経過とともに時計回りに色が変わる。

②全体の回答状況（内側）
回答すると時計回りに色が変わる。

（画面例）

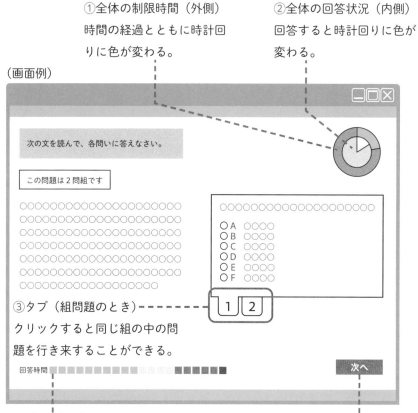

③タブ（組問題のとき）
クリックすると同じ組の中の問題を行き来することができる。

④1問（1組）ごとの制限時間
時間の経過とともに、左から色が、緑→黄色→オレンジ→赤と変化する。赤の表示になると、未回答でも自動的に次の問題に進む。

⑤次の問題（組）に進む
次に進んだあとは、前の問題へは戻れない。

☺ テストセンターは素早く正確に解く

●問題はとばせない

　ペーパーテスティングと異なり、テストセンターでは、取り組みやすい問題から先に解いたり、前の問題に戻って解き直したりすることはできません。問題は1画面に1問または1組ずつ表示され、解答後に「次へ」ボタンをクリックして次の問題に進んだ時点で**前の問題には戻れなくなります**。また、問題ごとに制限時間が設けられており、画面下の「回答時間」の□が赤の表示になると、未回答でも自動的に次の問題に進んでしまいます。未回答にならないように制限時間を意識して解いていきましょう。

組問題のように、問題が同じ組の中に複数ある場合は、「タブ」をクリックすることで、同じ組の問題間を行き来することができるんだ。

●誤謬率は測定されない

　テストセンターでは**誤謬率は測定されません**。誤謬率とは、回答した問題のうち、間違えた問題の割合のことです。誤謬率を測定している試験では、間違いが多いと「正確さに欠ける」などと判断されることがありますが、テストセンターではそのような判断はされないので、わからない問題でも、とにかく回答しましょう。

SPI-RとSPI-Nでは誤謬率が測定されるけど、
どちらもテストセンターの対象外なんだ。

●受検者のレベルに合わせて出題内容が異なる

　テストセンターでは、**受検者のレベルに合わせて問題の難易度や出題数が変わります**。解答中に正解が続くと問題は難しくなり、逆に間違いが続くと問題は易しくなっていきます。もし問題を解いていて「難しくなってきた」と感じたら、今までの問題で正解が続いており、「易しくなってきた」と感じたら、間違いが続いていた可能性があります。正解すればするほど難易度の高い問題が出題されますが、それに正解すれば高評価につながります。落ち着いて、素早く正確に解くことを心がけましょう。

もしテストセンターが早く終了したら要注意！　早く解ける易しい問題が続いていた可能性があるからだよ。易しい問題に正解しても高評価にはつながらないんだ。

WEBテスティングとは？

☺ 指定された受検期間内に自宅などのパソコンで受検する

　WEBテスティングは、テストセンターほど多くはありませんが、毎年多くの企業が実施しています。インターン選考などでも多くの企業が取り入れています。受検期間内であればいつでも自宅や学校などのパソコンから受検できるため、遠方に住む受検者にとっては負担の少ない受検方式といえます。

●WEBテスティングの受検フロー

企業からの受検案内

志望する企業の選考にエントリーすると、企業から受検案内メールが届くので、記載されているURLにアクセスします。

WEB上で受検

受検期間内の都合のよい時間に、自宅や学校などのパソコンを使って受検します。受検が完了すると、受検結果は企業に送られます。

　受験案内メールが届いたら、**日時や受検環境は早めに確認**しておきましょう。インターネットの利用環境に不具合はないか、トラブルを起こす可能性のあるソフトを利用していないか、落ち着いて受検できる場所であるかどうか、事前にチェックしておき、ゆとりを持って受検しましょう。

☺ WEBテスティングでは電卓が使用できる

　テストセンターでは筆算が前提ですが、WEBテスティングでは電卓の使用が前提となっています。自分に合った大きさの電卓を選び、事前に練習をしておきましょう。関数電卓のような多機能の電卓は、うまく使いこなせば計算スピードは上がりますが、多機能であれば、それだけキーの数が増え、サイズも小さくなるので注意が必要です。スマートフォンを電卓がわりに使用することはおすすめできません。

　また、受検の際は、本番中に電池が切れて動かなくなってしまうことがないよう、あらかじめ確認しておきましょう。

　問題によっては、あえて電卓を使わなくても手で計算したほうが速く解ける場合もあるよ。あまり電卓にたよりすぎないように、電卓と手計算をうまく使い分けよう。

☺ 入力形式の問題が多い

　WEBテスティングでは、選択式の問題の他に、**回答を入力させる形式の問題が多く出題されます**。入力形式の場合、勘にたよっていては正解を導き出せません。特に非言語分野の計算問題などは、自力で解き方を考え、答えを導く必要があるため、時間配分には十分気をつけましょう。

（画面例）

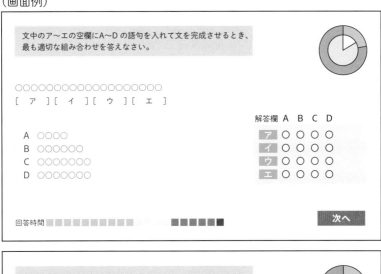

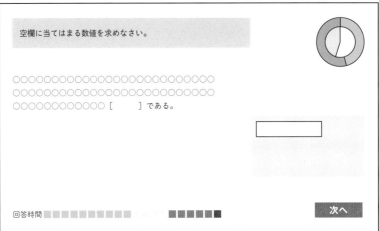

　WEBテスティングの受検画面はテストセンターとほぼ同じだけど、画面例のように回答を入力させる形式の問題が多く出題されるんだ。

インハウスCBT・ペーパーテスティングとは？

😊 企業内のパソコンで受検するインハウスCBT

　テストセンターは専用会場のパソコン、WEBテスティングは自宅などのパソコンで受検する方式ですが、インハウスCBTは企業内のパソコンで受検します。**WEBテスティングと同様に電卓の使用を前提とし、入力形式の問題が多く出題されます。**

　また、受検者が企業に出向いて受検することから、SPIの受検と面接を1日で行う場合があるため、身だしなみやパソコンの扱いなどには注意が必要です。スーツで働くことが一般的とされている業界を志望するのであれば、たとえ面接がない場合でもスーツで受検することをおすすめします。

　インハウスCBTの問題は、WEBテスティングと基本的に同じといわれているよ。

😐 マークシートで受検するペーパーテスティング

　他の受検方式はすべてパソコンで受検する方式でしたが、ペーパーテスティングはパソコンを使わず、筆記で受検する方式です。**受検者が企業に出向き、マークシートで受検します。**他の受検方式とは異なり、受検者全員が同じ問題を解きます。開始前に問題冊子が配られ、はじめに全体の問題内容を確認することができるので、まず解きやすい問題から取り組み、あとで難しい問題に取り組むといった時間配分も可能です。

　インハウスCBTと同様に企業に出向いて受検するので、身だしなみを整え、受検が終了したら消しゴムのかすはまとめて持ち帰るなど、マナーも意識しましょう。

　また、ペーパーテスティングの場合、集計に時間がかかるため、テストの結果を踏まえずに面接を行うこともあります。

　ペーパーテスティングは、SPIの全種類で実施されている受検方式だよ。

1

非言語分野

PART1 では非言語分野について学習します。
非言語分野は主に小学～中学レベルの
算数・数学の知識を問う設問で構成されます。
基本的な法則や公式、解き方を学んでいきましょう。
「推論」のような SPI ならではの問題は
特に力を入れて対策しましょう。

四則の混じった計算

加法（たし算）、減法（ひき算）、乗法（かけ算）、除法（わり算）をまとめて**四則**といいます。四則の混じった計算、そして交換法則、結合法則、分配法則などを利用して、楽に計算する方法を覚えましょう。

ココがポイント！

(1)**四則の混じった計算**

　①累乗、かっこの中　②乗法、除法　③加法、減法　の順序で計算

(2)**交換法則：加法・乗法の間では計算の順番を入れかえても結果は同じ**

　加法：A＋B＝B＋A　　乗法：A×B＝B×A

(3)**結合法則：加法・乗法の間では計算の順番が違っても結果は同じ**

　加法：(A＋B)＋C＝A＋(B＋C)　　乗法：(A×B)×C＝A×(B×C)

(4)**分配法則：かっこの中の計算は展開できる**

　A×(B±C)＝A×B±A×C　　(A±B)×C＝A×C±B×C

 例題 $35-32\div(10-3\times2)\times3$ の答えとして正しいものを、次の **A** ～ **D** の中から選びなさい。

A 2　　**B** $\dfrac{9}{4}$　　**C** 11　　**D** 43.4

→ 答えは別冊002ページ

右のように、①から⑤の順に計算していきます。

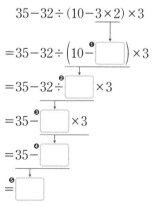

$35-32\div(10-3\times2)\times3$

$=35-32\div\left(10-\boxed{}^{❶}\right)\times3$

$=35-32\div\boxed{}^{❷}\times3$

$=35-\boxed{}^{❸}\times3$

$=35-\boxed{}^{❹}$

$=\boxed{}^{❺}$

よって、答えは $\boxed{}^{❻}$ です。

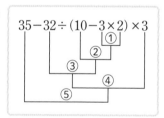

$$35-32\div(10-3\times2)\times3$$

まずはかっこの中を計算するよ。計算するときは、「かけ算、わり算」→「たし算、ひき算」の順番だね。

答えは別冊002ページ

1 $33-18+67-22$ の答えとして正しいものを、次の **A**～**E** の中から選びなさい。

  A 48 **B** 60 **C** 74 **D** 90 **E** 108

2 $72-2^3\times(24-17)$ の答えとして正しいものを、次の **A**～**E** の中から選びなさい。

  A 12 **B** 16 **C** 28 **D** 39 **E** 41

3 $17\times22+8\times17$ の答えとして正しいものを、次の **A**～**E** の中から選びなさい。

  A 170 **B** 238 **C** 374 **D** 510 **E** 680

LESSON 2 公倍数と公約数

　整数Aを1倍、2倍、3倍、……した数をAの**倍数**といい、2つ以上の整数に共通な倍数を**公倍数**といいます。たとえば、2の倍数は、2、4、6、8、10、12、……、3の倍数は、3、6、9、12、15、18、……なので、2と3の公倍数は{6、12、……}となります。このうち、最も小さい公倍数6を**最小公倍数**といいます。

　また、2つの整数A、Bがあり、AがBでわり切れるとき、BはAの**約数**といい、2つ以上の整数に共通な約数を**公約数**といいます。たとえば、24の約数は{1、2、3、4、6、8、12、24}、56の約数は{1、2、4、7、8、14、28、56}なので、24と56の公約数は{1、2、4、8}となります。このうち、最も大きい公約数8を**最大公約数**といいます。

ココがポイント！

最大公約数と最小公倍数の求め方（連除法）

全体の公約数でそれぞれの数をわり、われなくなるまでわり続ける。

- 最大公約数は、わった数をすべてかけ合わせる。
- 最小公倍数は、わった数と残った数をすべてかけ合わせる。

【例】 24と56の最大公約数と最小公倍数の求め方

```
2 ) 24  56
2 ) 12  28
2 )  6  14
     3   7
```

- 最大公約数（●をすべてかける）
  $2×2×2＝8$
- 最小公倍数（└をすべてかける）
  $2×2×2×3×7＝168$

例題 12と20の最小公倍数はいくつですか。正しいものを次の **A** ～ **D** の中から選びなさい。

A 24　　**B** 60　　**C** 100　　**D** 120　　⟶ 答えは別冊002ページ

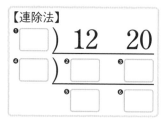

【連除法】

❶［　］) 12　20
❹［　］) ❷［　］❸［　］
　　　　 ❺［　］❻［　］

最大公約数は、❼［　］×❽［　］＝❾［　］

最小公倍数は、
❿［　］×⓫［　］×⓬［　］×⓭［　］＝⓮［　］

よって、答えは⓯［　］です。

→答えは別冊002ページ

1 9と15の最小公倍数はいくつですか。正しいものを次の A ～ E の中から選びなさい。

   A 3   **B** 12   **C** 36   **D** 45   **E** 90

_____

2 24と60の最大公約数はいくつですか。正しいものを次の A ～ E の中から選びなさい。

   A 2   **B** 7   **C** 12   **D** 35   **E** 70

_____

3 54と72の公約数は全部で何個ありますか。正しいものを次の A ～ E の中から選びなさい。

   A 2個   **B** 3個   **C** 4個   **D** 5個   **E** 6個

_____

LESSON 3 分数の計算

　分母が異なる分数のたし算やひき算をするときは、分母をそろえて（**通分**）から計算します。また、分数のわり算をするときは、わる数の分母と分子をひっくり返した数（**逆数**）をかけて計算します。分数計算の答えは、分母と分子を同じ数でわり、簡単な整数に直して（**約分**）表します。

ココがポイント！

(1)**分数のかけ算**　$\dfrac{A}{B} \times C = \dfrac{A \times C}{B}$　　$\dfrac{A}{B} \times \dfrac{C}{D} = \dfrac{A \times C}{B \times D}$

(2)**分数のわり算**　$\dfrac{A}{B} \div C = \dfrac{A}{B \times C}$　　$\dfrac{A}{B} \div \dfrac{C}{D} = \dfrac{A \times D}{B \times C}$

・分数のたし算・ひき算で分母が異なるときは、公倍数を利用して通分。
・答えの約分は、分子と分母を公約数でわって簡単な整数にする。

例題　$\dfrac{4}{15} - \dfrac{1}{2} \times \dfrac{1}{3}$ の答えとして正しいものを、次の **A** 〜 **D** の中から選びなさい。

A $\dfrac{2}{3}$　　**B** $\dfrac{5}{6}$　　**C** $\dfrac{7}{15}$　　**D** $\dfrac{1}{10}$

⊙ 答えは別冊002ページ

　分数の計算も、まず累乗、かっこの中を計算し、次に乗法、除法、最後に加法、減法の計算を行います。右のように、①、②の順に計算していきます。

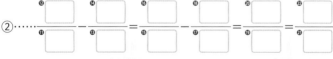

よって、答えは ㉓□ です。

通分は公倍数を利用するよ。
15と6の最小公倍数は30だね。

通分する　　　　　　　約分する

→答えは別冊002ページ

1 $\dfrac{1}{2}+\dfrac{7}{10}-\dfrac{2}{3}$ の答えとして正しいものを、次の A ～ E の中から選びなさい。

A $\dfrac{8}{15}$ B $\dfrac{7}{12}$ C $\dfrac{2}{5}$ D $\dfrac{4}{5}$ E 1

_____

2 $\dfrac{7}{8}\times\dfrac{12}{5}\div\dfrac{3}{10}$ の答えとして正しいものを、次の A ～ E の中から選びなさい。

A 1   B $\dfrac{9}{5}$ C 4   D $\dfrac{21}{4}$ E 7

_____

3 $\dfrac{5}{6}+\dfrac{8}{15}\times\dfrac{21}{32}$ の答えとして正しいものを、次の A ～ E の中から選びなさい。

A $\dfrac{35}{48}$ B 1   C $\dfrac{71}{60}$ D $\dfrac{29}{24}$ E $\dfrac{12}{26}$

_____

LESSON 4　小数と分数の関係

　小数を分数で表すときは、**小数部分のけた数から $\dfrac{\square}{10}$、$\dfrac{\square}{100}$、……としたあと、**

約分します。たとえば、0.6は0.1$\left(=\dfrac{1}{10}\right)$が6個分で、$0.6=\dfrac{6}{10}=\dfrac{3}{5}$と直せます。

　分数を小数で表すときは、$\dfrac{3}{5}=3\div5=0.6$のように、**分子を分母でわって直し**

ます。整数を分数で表すときもこの考え方を用いて、$8=8\div1=\dfrac{8}{1}$と直せます。

ココがポイント！

・小数は、10、100、1000などを分母とする分数で表せる。

$$0.25=\frac{25}{100}=\frac{25}{4\times25}=\frac{1}{4} \qquad 0.125=\frac{125}{1000}=\frac{125}{8\times125}=\frac{1}{8}$$

・$0.25=\dfrac{1}{4}$ や $0.125=\dfrac{1}{8}$ を活用して次のように計算の工夫ができる。

$$0.75=0.25\times3=\frac{1}{4}\times3=\frac{3}{4} \qquad 0.375=0.125\times3=\frac{1}{8}\times3=\frac{3}{8}$$

$$0.625=0.5+0.125=\frac{1}{2}+\frac{1}{8}=\frac{5}{8} \qquad 0.875=1-0.125=1-\frac{1}{8}=\frac{7}{8}$$

例題

　3つの数 $\left(\dfrac{5}{8}、\dfrac{3}{4}、0.65\right)$ を大きい順に並べたものとして正しいものを、

次の A〜C の中から選びなさい。

A $\left(\dfrac{3}{4}、0.65、\dfrac{5}{8}\right)$　　**B** $\left(0.65、\dfrac{5}{8}、\dfrac{3}{4}\right)$　　**C** $\left(\dfrac{3}{4}、\dfrac{5}{8}、0.65\right)$

→ 答えは別冊003ページ

分数を小数に直します。

$\dfrac{5}{8}=$ **❶** $\boxed{} \div$ **❷** $\boxed{} =$ **❸** $\boxed{}$

$\dfrac{3}{4}=$ **❹** $\boxed{} \div$ **❺** $\boxed{} =$ **❻** $\boxed{}$

100＝4×25、1000＝8×125
を利用した分数と小数の組合
せは、覚えておくと便利だよ。

したがって、大きい順に、**❼** $\boxed{}$、**❽** $\boxed{}$、**❾** $\boxed{}$ となります。

よって、答えは **❿** $\boxed{}$ です。

→ 答えは別冊003ページ

1 0.5を分数で表したものとして正しいものを、次のA〜Eの中から選びなさい。

 A $\dfrac{3}{5}$ B $\dfrac{1}{2}$ C $\dfrac{1}{5}$ D $\dfrac{2}{3}$ E $\dfrac{1}{10}$

_____

2 $\dfrac{5}{8}$を小数で表したものとして正しいものを、次のA〜Eの中から選びなさい。

 A 0.25   B 0.125   C 0.75   D 0.625   E 0.8

_____

3 3つの数$\left(\dfrac{1}{4}、0.5、\dfrac{2}{3}\right)$を小さい順に並べたものとして正しいものを、次のA〜Cの中から選びなさい。

 A $\left(\dfrac{2}{3}、\dfrac{1}{4}、0.5\right)$ B $\left(0.5、\dfrac{1}{4}、\dfrac{2}{3}\right)$ C $\left(\dfrac{1}{4}、0.5、\dfrac{2}{3}\right)$

_____

割合の単位（小数・分数・百分率・歩合）

　比べる量がもとにする量の何倍にあたるかを表した数を**割合**といいます。割合は、もとにする量を1としたとき、比べる量がいくつにあたるかを表します。もとにする量を100としたときの割合を特に**百分率**といい、**％（パーセント）**で表します。また、もとにする量を10としたときの割合を特に**歩合**といい、**割・分・厘**などの単位を用います。

ココがポイント！

(1)割合の求め方

割合＝比べる量÷もとにする量

【例】　4mに対する3mの割合。

$$3 \div 4 = \frac{3}{4} = 0.75$$

比べる量　もとにする量　　割合

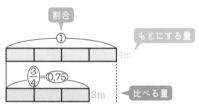

(2)小数・分数・百分率・歩合の関係

小数	1	0.1	0.01	0.001
分数	1	$\frac{1}{10}$	$\frac{1}{100}$	$\frac{1}{1000}$
百分率	100%	10%	1%	0.1%
歩合	10割	1割	1分	1厘

例題　次の問いに答えなさい。

(1)　1800円の3割は何円ですか。正しいものを次の A ～ D の中から選びなさい。

A　360　　B　600　　C　540　　D　1260

(2)　260gは650gの何％ですか。正しいものを次の A ～ D の中から選びなさい。

A　32　　B　40　　C　55　　D　60

答えは別冊003ページ

(1)　3割にあたる量を求める問題です。

1800円を1とすると、3割は[①　　]なので、[②　　]×[❶　　]=[❸　　]（円）

よって、答えは[④　　]です。

もとにする量を1とすると、割合は整数・小数・分数で表せるよ。

(2)　割合（％）を求める問題です。

[❺　　]÷[⑥　　]=[❼　　]なので、[❼　　]×100=[⑧　　]（％）

よって、答えは[❾　　]です。

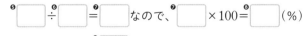

→ 答えは別冊003ページ

1 畑にキュウリとナスを植えます。畑全体の面積の$\frac{2}{5}$にキュウリを植え、残りにナスを植えました。このとき、ナスを植える面積は畑全体の面積の何%になりますか。正しいものを次の A 〜 E の中から選びなさい。

A　10%　　B　20%　　C　40%　　D　60%　　E　75%

2 ある学校の女子の人数は250人、男子の人数は150人です。男子の人数は、全体の人数の何割何分何厘ですか。正しいものを次の A 〜 D の中から選びなさい。

A　3割7分5厘　　B　4割4分8厘　　C　6割2分5厘

D　8割3分4厘

LESSON 6 比の性質

比は、2つの数と記号「：」を使った割合の表し方です。

比A：Bで、AをBで割った商（A÷B）を **比の値** といいます。たとえば、3：4の比の値は $\frac{3}{4}$、9：12の比の値は $\frac{9}{12}=\frac{3}{4}$ なので、3：4と9：12の比の値は等しいことがわかります。AとBに、0でない同じ数をかけたり、両方の数を0でない同じ数でわったりしても比の値は変わりません。

ココがポイント！

(1)比の値

A：Bの比の値は、$A÷B=\dfrac{A}{B}$ 　　A：B＝C：D　⇔　$\dfrac{A}{B}=\dfrac{C}{D}$

⇔　A×D＝B×C

(2)比の性質

$$\overset{\times 4}{2 \; : \; 3} \underset{\times 4}{= \; 8 \; : \; 12} \qquad \overset{÷3}{12 \; : \; 21} \underset{÷3}{= \; 4 \; : \; 7}$$

例題 次の □ に当てはまる数として正しいものを、次の **A～D** の中から選びなさい。

3：7＝27： □

A 21　**B** 42　**C** 63　**D** 70　　　⊙ 答えは別冊004ページ

$27÷3=$ ❶ □

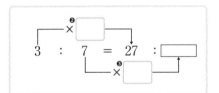

等しい比の式で □ に当てはまる数を求めるときは、比の性質を利用しよう。

したがって、 □ に当てはまる数は、

$7×$ ❹ □ ＝ ❺ □

よって、答えは ❻ □ です。

→ 答えは別冊004ページ

1 次の□に当てはまる数として正しいものを、次のA〜Eの中から選びなさい。

$$0.25 : 0.8 = \boxed{} : 16$$

A 4 　**B** 5 　**C** 8 　**D** 12 　**E** 25

2 次の□に当てはまる数として正しいものを、次のA〜Eの中から選びなさい。

$$\frac{2}{7} : \frac{3}{5} = 10 : \boxed{}$$

A 10 　**B** 12 　**C** 15 　**D** 21 　**E** 35

3 リンゴ3個とモモ7個の代金が等しいとき、リンゴ1個とモモ1個の値段の比として正しいものを、次のA〜Eの中から選びなさい。

A 7:10 　**B** 7:3 　**C** 4:3 　**D** 4:7 　**E** 2:5

相当算

比べる量とその割合がわかっているとき、**もとにする量（①にあたる量）を求める**問題を相当算といいます。LESSON5で学習した割合の求め方の式を「**もとにする量＝比べる量÷割合**」と変形して考えます。問題を解くときは、線分図に整理して、比べる量とその割合を意識することが大切です。

ココがポイント！

割合の求め方「もとにする量＝比べる量÷割合」に当てはめる
線分図に整理して比べる量とその割合を意識する。

【例】 ある学校の女子生徒（比べる量）は

168人で、学校全体の人数の$\frac{3}{5}$（割合）

にあたるとき、この学校の生徒数（もとにする量）は、

$$168÷\frac{3}{5}=\frac{168×5}{3}=280（人）$$

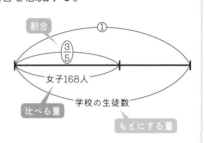

例題 水槽いっぱいに水が入っています。水槽全体の$\frac{3}{4}$にあたる84Lの水をく

み出しました。はじめに水槽に入っていた水は何Lですか。正しいものを次
の **A**〜**D** の中から選びなさい。

A 42L　　**B** 112L　　**C** 168L　　**D** 210L　　⇨ 答えは別冊004ページ

右のような線分図をかいて考えます。
水槽全体の水の量がもとにする量、

84Lが比べる量、$\left(\frac{3}{4}\right)$が割合にあたるので、

水槽全体の水の量（①にあたる量）は、

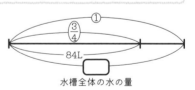

線分図に割合を書き込むときは、数字を○や□などで囲むと、実際の数量と区別しやすくなるよ。

❶ $\boxed{}$ ÷ $\frac{❸\boxed{}}{❷\boxed{}}$ = $\frac{❺\boxed{}×❻\boxed{}}{④\boxed{}}$ = ❼$\boxed{}$（L）

よって、答えは❽$\boxed{}$です。　約分する

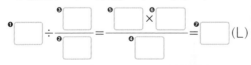

答えは別冊004ページ

1 びんの中に入っている砂糖の25％を使ったところ、使った砂糖の重さは180gでした。はじめにびんに入っていた砂糖の重さは何gですか。正しいものを次のＡ～Ｅの中から選びなさい。

Ａ 45g　　Ｂ 72g　　Ｃ 135g　　Ｄ 360g　　Ｅ 720g

2 ある長さのリボンを姉妹で分けました。姉は全体の $\frac{3}{8}$ を取り、妹は全体の30％を取ったところ、リボンは78cm残りました。はじめのリボンの長さは何cmですか。正しいものを次のＡ～Ｅの中から選びなさい。

Ａ 45cm　　Ｂ 72cm　　Ｃ 240cm　　Ｄ 360cm　　Ｅ 540cm

つるかめ算（一方に置きかえて解く）

つるかめ算は、「**つるとかめが合計何匹か**」、「**足の合計本数は何本か**」という情報をもとに、つるとかめがそれぞれ何匹いるかを求める問題です。「**すべてがかめ（つる）だったら**」と仮定して足の本数を計算し、**実際の足の本数との差から考えを進めていきます**。単価が異なる商品など、単位あたり量が異なるものが集まっている問題には、この考え方を使っていきます。

ココがポイント！

・単位あたり量の合計がどちらか一方（「多いほう」または「少ないほう」）だったらと仮定し、実際の単位あたり量の合計との差を考える。
・合計の差から、2つの異なるものを何個入れかえれば実際の単位あたり量の合計になるかを考える。

【例】　つるとかめが合わせて4匹（羽）で足が14本とする。
　　① 4匹すべてかめだと考えると、足の合計は16本。
　　② かめの数が1匹減り、つるが1羽増えたとすると足の合計は14本となる。

1匹入れかえるごとに足の本数の合計が（4−2＝）2本ずつ減る。

例題　つるとかめが合わせて10匹（羽）います。足の合計が26本のとき、つるは何羽いますか。正しいものを次の **A** 〜 **D** の中から選びなさい。

A 5羽　　**B** 7羽　　**C** 9羽　　**D** 10羽　　⊙ 答えは別冊005ページ

10匹すべてかめだと考えると、足の合計は、

❶ □ × ❷ □ ＝ ❸ □ （本）

ここでは、「すべてかめ（足の数が多いほう）だったら」と仮定して考えてみよう。

実際の足の本数との差は、❹ □ − ❺ □ ＝ ❻ □ （本）　この差を減らす

かめが1匹減り、つるが1羽増えるごとに足の合計は、❿ □ 本ずつ減るので、

つるの数は、⓫ □ ÷ ⓬ □ ＝ ⓭ □ （羽）

❼ □ − ❽ □ ＝ ❾ □
かめ1匹の　つる1羽の
足の数　　　足の数

よって、答えは ⓮ □ です。

答えは別冊005ページ

1 1個80円のミカンと1個120円のリンゴを合わせて40個買ったところ、合計金額は3800円になりました。ミカンは何個買いましたか。正しいものを次のA～Eの中から選びなさい。

A 12個　　B 18個　　C 20個　　D 22個　　E 25個

PART **1** つるかめ算（一方に置きかえて解く）

2 全部で50問のクイズがあります。1問正解すると20点もらえて、1問間違えると5点引かれます。このクイズに挑戦したところ700点でした。何問間違えましたか。正しいものを次のA～Eの中から選びなさい。

A 10問　　B 12問　　C 20問　　D 30問　　E 38問

LESSON 9 年齢算（年齢を求める）

　年齢算は、2人の年齢の関係について考える問題です。誰でも毎年1歳ずつ年を取るため、**2人の年齢の和は変化していきますが、年齢の差はつねに一定**です。この点に注目して考えていきます。年齢算は、**線分図をかいて数量の関係をイメージしながら解いていきます。**

ココがポイント！

年齢や年齢の倍数は毎年変わるが、年齢の差はつねに一定

【例】　母の年齢が子の年齢の3倍の場合。

・2人の年齢の和は、子の年齢の（3＋1＝）4倍にあたる（下の図の④）。
・2人の年齢の差は、子の年齢の（3－1＝）2倍にあたる（下の図の②）。

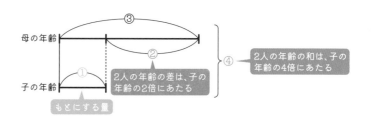

例題　今、父と子の年齢の和は50歳で、5年前、父の年齢は子の年齢の7倍でした。現在の子の年齢は何歳ですか。正しいものを次の **A** ～ **D** の中から選びなさい。

A 10歳　　**B** 11歳　　**C** 13歳　　**D** 14歳　　⊙答えは別冊005ページ

5年前の2人の年齢の和は、50－❶□×2＝❷□（歳）

5年前の子の年齢を①とすると父の年齢は⑦なので、5年前の2人の年齢の和は（1＋7＝）⑧です。

したがって、①は、

❸□÷8＝❹□（歳）

現在の子の年齢は、

5（年）＋①＝5（年）＋❺□＝❻□（歳）

よって、答えは❼□です。

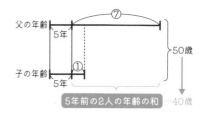

1 母と子の年齢の和は30歳です。今から9年後に、母の年齢は子の年齢の
ちょうど3倍になります。現在の子の年齢は何歳ですか。正しいものを
次の A ～ E の中から選びなさい。

　A　3歳　　　B　4歳　　　C　5歳　　　D　6歳　　　E　7歳

_____

2 現在、私と弟の年齢の和は36歳で、10年前、私の年齢は弟の年齢の3倍
でした。現在の私の年齢は何歳ですか。正しいものを次の A ～ E の中か
ら選びなさい。

　A　10歳　　　B　14歳　　　C　18歳　　　D　22歳　　　E　26歳

_____

年齢算（何年前・何年後を求める）

　続いては、2人の年齢がわかったうえで、片方の年齢がもう片方の年齢の何倍になっているか調べる問題を考えます。このような問題を考えるときも、**「2人の年齢の差は、何年後でも、何年前でも変わらない」**という点に注目することが大切です。

ココがポイント！

2人の年齢の差は、何年後でも、何年前でも変わらない

【例】　現在、父の年齢が50歳、子の年齢が14歳のとき。

(1)　□年後に、父の年齢が
　　子の年齢の3倍になる場合。

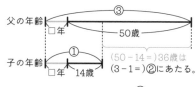

(2)　□年前に、父の年齢が
　　子の年齢の7倍であった
　　場合。

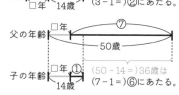

例題　今、母の年齢は41歳、子の年齢は9歳です。母の年齢が子の年齢の3倍になるのは、何年後ですか。正しいものを次の **A ～ D** の中から選びなさい。

A　3年後　　**B**　5年後　　**C**　7年後　　**D**　9年後　　⟳ 答えは別冊006ページ

　母と子の年齢の差はつねに、❶□ − ❷□ = ❸□（歳）

　母の年齢が子の年齢の3倍になるときの子の年齢を①とすると、母の年齢は③なので、2人の年齢の差は、（3−1＝）②です。

　よって、①は、

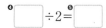

　❹□÷2＝❺□

　したがって、3倍になるのは、今から、

　①−9（歳）＝❻□−9（歳）＝❼□（年後）

　よって、答えは❽□です。

母も子も同じだけ年を
取るから、2人の年齢
の差はつねに一定だね。

→ 答えは別冊006ページ

1 現在、太郎の年齢は9歳で、父の年齢は太郎の年齢のちょうど4倍です。父の年齢が太郎の年齢の2倍になるのは、今から何年後ですか。正しいものを次の A 〜 D の中から選びなさい。

A 15年後　　B 16年後　　C 17年後　　D 18年後

2 現在、母と子の年齢はそれぞれ39歳、12歳です。母の年齢が子の年齢の4倍であったのは、今から何年前ですか。正しいものを次の A 〜 D の中から選びなさい。

A 3年前　　B 6年前　　C 7年前　　D 8年前

損益計算（損益算）

お金に関する問題を**損益算**といいます。損益算では歩合や百分率で表された割合がよく使われます。**歩合や百分率で表された式の計算は、小数や分数に直してから行うこと**を思い出しましょう。

ココがポイント！

ものの売り買いに関する言葉

原　価：お店が品物を仕入れるときに支払う金額。

定　価：仕入れた品物にお店がつけた値段。

売り値：実際にお店がお客に品物を売ったときの値段。

利　益：「もうけ」のこと。マイナスの場合は「損失」という。

売　上：いくつかの品物を売ったときの売り値の合計。売上高。

【例】　原価500円の品物に4割の利益を見込んで定価をつけたが、売れなかったので定価の2割引で売った場合。

定価は、$500 \times (1+0.4) = 700$（円）

売り値は、$700 \times (1-0.2) = 560$（円）

利益は、$560 - 500 = 60$（円）

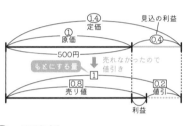

- ・**定価＝原価＋見込の利益＝原価×（①＋利益率）**
- ・**売り値＝定価－値引額＝定価×（①－割引率）**
- ・**利益＝売り値－原価**

例題　1500円で仕入れた品物に2割の利益を見込んで定価をつけました。この品物の定価は何円ですか。正しいものを次の**A**～**D**の中から選びなさい。

A　1200円　　**B**　1700円　　**C**　1800円　　**D**　2000円

→ 答えは別冊006ページ

2割を小数で表すと❶□なので、仕入れ値（原価）を①とすると、

定価は、仕入れ値の（❷□＋❶□＝）❸□倍にあたります。

したがって、定価は、❹□×❺□＝❻□（円）

よって、答えは❼□です。

→答えは別冊006ページ

1 2000円で仕入れた品物に5割の利益を見込んで定価をつけましたが、売れないので定価の3割引で売ることにしました。この品物の売り値は何円ですか。正しいものを次の **A** 〜 **D** の中から選びなさい。

   A 1700円   **B** 2100円   **C** 2400円   **D** 2800円

_____

2 ある品物を1個200円で500個仕入れました。1個につき4割の利益を見込んで定価をつけましたが、300個売れたところで、残りの商品を1個につき3割引で売ることにしました。利益は全部で何円になりますか。正しいものを次の **A** 〜 **D** の中から選びなさい。

   A 18600円   **B** 23200円   **C** 24000円   **D** 25600円

_____

損益計算の問題には、複数の人がそれぞれ異なる代金を支払って商品を買い、最終的にそれぞれの負担が等しくなるように調整する（割り勘をする）問題があります。**支払い総額と支払うべき人数から1人あたりの負担額を求めて考えていきます。**

ココがポイント！

・支払い総額を人数分でわり、1人あたりの負担額を求める。

1人あたりの負担額＝支払い総額÷人数

・支払い額に差がある場合は、多く支払った人が、少なく支払った人からお金をもらう。

1人あたりの負担額＜支払った額
→精算時にお金をもらう
1人あたりの負担額＞支払った額
→精算時にお金をわたす

例題 A、B、Cの3人でPの誕生日のお祝いをすることにしました。Aが15000円のプレゼントを買ってきて、Bが9000円の食事代を支払いました。A、B、Cの3人が同額ずつ負担する場合、Cは誰にいくらわたせばよいですか。正しいものを次の **A** ～ **C** の中から選びなさい。

A Aに6000円、Bに2000円わたす。

B Aに7000円、Bに1000円わたす。

C Aに8000円、Bに7000円わたす。

⟲ 答えは別冊007ページ

支払い総額は、$\boxed{}^{❶}+\boxed{}^{❷}=\boxed{}^{❸}$（円）

1人あたりの負担額は、$\boxed{}^{❹}÷\boxed{}^{❺}=\boxed{}^{❻}$（円）

Aは、$\boxed{}^{❼}-\boxed{}^{❽}=\boxed{}^{❾}$（円）支払いすぎている。

Bは、$\boxed{}^{❿}-\boxed{}^{⓫}=\boxed{}^{⓬}$（円）支払いすぎている。

したがって、CはAに$\boxed{}^{⓭}$円、Bに$\boxed{}^{⓮}$円わたせばよい。

よって、答えは$\boxed{}^{⓯}$です。

まず、支払った代金を合計し、A、B、Cの3人が負担すべき金額を求めよう。

→答えは別冊007ページ

1 太郎、次郎、三郎の3人で旅行に行くことになりました。太郎が3人の旅費36000円を支払い、次郎が3人分の食費21000円を支払い、三郎が旅行先での雑費9000円を支払いました。3人の支払いが等しくなるようにするには、どのように代金の精算をすればよいですか。正しいものを次の A ～ F の中から選びなさい。

　A　次郎が太郎に15000円、三郎が太郎に9000円わたす。

　B　次郎が太郎に1000円、三郎が太郎に13000円わたす。

　C　次郎が太郎に7500円、三郎が太郎に4500円わたす。

　D　三郎が太郎に27000円、次郎に12000円わたす。

　E　三郎が太郎に13500円、次郎に6000円わたす。

　F　三郎が太郎に7000円、次郎に3000円わたす。

LESSON 13 損益計算（団体割引）

損益計算の問題には、美術館などの施設に団体で入館する際の入館料の割引、また、商品をまとめて購入する場合の代金の割引等について考える問題もあります。割引額は、「**正規の料金と割引後の料金の違い**」、「**割引を受ける対象の数**」に注意して考えていきます。

> **ココがポイント！**
>
> 1人あたりの割引額や割引額の合計が何円になるかを考える
>
> ## 割引額＝正規の料金×割引率
> ## 割引後の料金＝正規の料金－割引額
> ## ＝正規の料金×（①－割引率）
> ## 総額の差＝割引額×割引を受ける人数
>
> 【例】 1人あたりの料金を20%引にする場合。
>
>

例題 ある動物園の入園料は、大人1人600円ですが、20人をこえる団体に対し、21人目から入園料が3割引になる団体割引を行っています。あるグループがこの割引制度を利用して入園したところ、1人ずつ入園料を支払うよりも、総額で4500円安くなりました。このグループの人数は何人ですか。正しいものを次の **A** ～ **D** の中から選びなさい。

A 25人 **B** 30人 **C** 40人 **D** 45人 ⟳答えは別冊007ページ

正規の料金600円を①とすると、割引額は⓪.③にあたるので、
1人あたりの割引額は、

❶ □ ❷× □ ❸= □ （円）

「総額の差÷割引額＝割引を受けた人数」になるので、

割引を受けた人数は、❹ □ ÷ □ ❻= □ （人）

したがって、グループの人数は、❼ □ ❽+ □ ❾= □ （人）

よって、答えは❿ □ です。

→ 答えは別冊007ページ

1 ある遊園地の入園料は、大人1人2000円で、子どもの入園料は大人の入園料の半額になります。また、30人をこえる団体に対し、入園料の総額から10％を割引く団体割引を行っています。この遊園地に大人15人、子ども25人のグループが入園しました。入園料の総額は何円になりますか。正しいものを次のⒶ～Ⓓの中から選びなさい。

Ⓐ　40000円　　Ⓑ　49500円　　Ⓒ　55000円　　Ⓓ　58500円

2 ある博物館の入館料は、1人800円ですが、20人をこえる団体に対し、21人目から入館料が1割引になる団体割引を行っています。50人の団体が入館するとき、1つの団体として入館する場合と、25人ずつ2つの団体として入館する場合とでは、入館料の総額は何円違いますか。正しいものを次のⒶ～Ⓓの中から選びなさい。

Ⓐ　1000円　　Ⓑ　1500円　　Ⓒ　1600円　　Ⓓ　2000円

LESSON 14 損益計算(分割払い)

損益計算の問題には、商品購入時の支払いを複数回に分ける「分割払い」の問題があります。割合が分数で与えられることが多いので、①にあたる量(支払い総額等)を設定し、頭金が「ある場合」「ない場合」の確認をしながら解いていきます。

ココがポイント！

支払い総額を①とすると、

$$1回分の支払い額の割合＝①÷支払い回数$$
$$残額の割合＝①－（1回分の支払い額の割合×支払い回数）$$

【例】 ある商品を9回の均等払いで購入する場合。

1回分の支払い額の割合は、

$$1÷9＝\frac{1}{9}$$

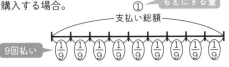

例題

冷蔵庫を7回の分割払いで購入しました。購入時に1回目として総額の $\frac{1}{4}$ を支払い、2回目以降は均等払いで支払うことにしました。2回目以降の1回分の支払い額は、支払い総額のどれだけにあたりますか。正しいものを次の Ⓐ～Ⓓ の中から選びなさい。利子は考えないものとします。

Ⓐ $\frac{1}{8}$　　Ⓑ $\frac{1}{12}$　　Ⓒ $\frac{3}{14}$　　Ⓓ $\frac{3}{20}$

⊙答えは別冊008ページ

全体(支払い総額)を①とすると、2回目以降の支払い額の合計は、

$$\left(1-\boxed{}^{①}=\right)^{②}\boxed{}$$ にあたります。

均等に支払うのは、1回目以降を除いた

$$\boxed{}^{③}回なので、2回目以降の1回分の割合は、$$

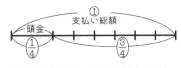

支払いの1回目に頭金がある場合は、全体を①として、そこから頭金を除いた残りの金額で考えよう。

$$\frac{\boxed{}^{⑤}}{\boxed{}^{④}}÷\boxed{}^{⑥}=\frac{\boxed{}^{⑨}}{\boxed{}^{⑦}×\boxed{}^{⑧}}=\frac{\boxed{}^{⑪}}{\boxed{}^{⑩}}$$

よって、答えは $\boxed{}^{⑫}$ です。　約分する

1 パソコンを購入し、支払いを6回の分割払いにしました。購入時に1回目として支払い総額の$\frac{1}{5}$を支払い、2回目以降は均等に支払うことにしました。2回目以降の1回分の支払い額は、支払い総額のどれだけにあたりますか。正しいものを次の A〜E の中から選びなさい。

A $\frac{1}{10}$　　B $\frac{2}{15}$　　C $\frac{3}{20}$　　D $\frac{4}{25}$　　E $\frac{1}{6}$

_____

2 自転車を購入し、支払いを10回の分割払いにしました。購入時に1回目として支払い総額の$\frac{1}{7}$を支払い、2回目以降は均等に支払うことにしました。7回目の支払いが終了した時点で、残額は支払い総額のどれだけにあたりますか。正しいものを次の A〜E の中から選びなさい。

A $\frac{2}{21}$　　B $\frac{5}{21}$　　C $\frac{2}{7}$　　D $\frac{3}{7}$　　E $\frac{5}{7}$

_____

LESSON 15 速さ（速さの表し方）

ものの動きの「速い・遅い」を表す量を速さといいます。**速さは、ふつう一定時間に進む道のりで表します。**たとえば、1時間に10km進む速さを「時速10km」、1秒間に50m進む速さを「秒速50m」といいます。

ココがポイント！

(1)**速さの公式**
- 速さ＝道のり÷時間
- 道のり＝速さ×時間
- 時間＝道のり÷速さ

※速さの公式は、長方形の面積に置きかえると覚えやすくなる。

(2)**時速・分速・秒速の換算**
- 時速＝分速×60
- 分速＝秒速×60

時速 $\xrightarrow{\div 60}$ 分速 $\xrightarrow{\div 60}$ 秒速
時速 $\xleftarrow{\times 60}$ 分速 $\xleftarrow{\times 60}$ 秒速

※「時間」の主な単位換算も覚えておきましょう。

$$1秒＝\frac{1}{60}分 \quad 1分＝\frac{1}{60}時間 \quad 10分＝\frac{1}{6}時間 \quad 15分＝\frac{1}{4}時間 \quad 20分＝\frac{1}{3}時間$$

例題 800mの道のりを3分20秒で走る自転車の速さは、時速何kmですか。正しいものを次の **A** ～ **D** の中から選びなさい。

A 時速12km　　**B** 時速13.5km　　**C** 時速14.4km　　**D** 時速16.8km

⊙ 答えは別冊008ページ

20秒＝$\frac{1}{3}$分なので、3分20秒＝❶□分です。

800mの道のりを走ったので「速さ＝道のり÷時間」より、自転車の速さは、分速、

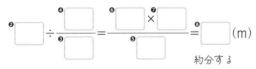

約分する

速さの単位は「時速□km」で答えるので、分速を時速に、mをkmに直します。「時速＝分速×60」、「1km＝1000m」なので、自転車の速さは、時速、

分速→時速　　m→km

よって、答えは❸□です。

はじめに、800mを0.8kmとし、3分20秒を $\left(\frac{10}{3}分＝\frac{10}{3×60}時間＝\right)\frac{1}{18}$ 時間としてから計算することもできるよ。

054

→ 答えは別冊008ページ

1 次の[　　]に当てはまる数として正しいものを、次の A〜E の中から選びなさい。

　　　時速72km＝秒速[　　]m

　A　12　　B　15　　C　20　　D　24　　E　36

2 6kmの道のりを12分で進む自転車の速さは、時速何kmですか。正しいものを次の A〜D の中から選びなさい。

　A　時速12km　　B　時速19km　　C　時速24km　　D　時速30km

3 太郎が分速150mで12分40秒走りました。太郎が走った道のりは何kmですか。正しいものを次の A〜E の中から選びなさい。

　A　1.86km　　B　1.9km　　C　2.08km　　D　2.7km　　E　3.14km

LESSON 16　速さ（平均速度）

　速さの問題には、ある地点からある地点まで進んだときの「平均速度」を考える問題があります。途中で速さがどれほど変化しても、「道のりの合計」を「かかった時間の合計」でわることで、「平均速度」を求めることができます。

ココがポイント！

平均速度＝道のりの合計÷時間の合計

【例】　AB間の600mの道のりを走って進んだところ8分かかり、BC間の540mの道のりを自転車で進んだところ3分かかり、CD間の300mの道のりを歩いて進んだところ5分かかった。

　　　AD間の道のりは、600＋540＋300＝1440（m）
　　　かかった時間の合計は、8＋3＋5＝16（分）
　　　よって、平均速度は分速、1440÷16＝90（m）

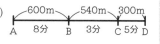

例題　RからSまでの道のりは18kmです。Pは、2地点RとSの間を往復するのに、行きは時速9kmの速さで歩き、帰りは時速6kmの速さで歩きました。PがRとSの間を往復した平均の速さは時速何kmですか。正しいものを次の **A** ～ **D** の中から選びなさい。

　A　時速6.8km　　　**B**　時速7.2km　　　**C**　時速7.5km　　　**D**　時速8km

⊙ 答えは別冊009ページ

「時間＝道のり÷速さ」なので、

行きにかかった時間は、❶□ ÷ ❷□ ＝ ❸□（時間）

帰りにかかった時間は、❹□ ÷ ❺□ ＝ ❻□（時間）

往復にかかった時間は、❸□ ＋ ❻□ ＝ ❼□（時間）

また、往復の道のりは、❽□ × ❾□ ＝ ❿□（km）

したがって、往復の平均の速さは、時速、⓫□ ÷ ⓬□ ＝ ⓭□（km）

よって、答えは ⓮□ です。

時速9kmと時速6kmの平均と考えて、時速、
$\dfrac{行きの速さ＋帰りの速さ}{2}＝\dfrac{9＋6}{2}＝7.5（km）$
と求めないように気をつけよう。

→ 答えは別冊009ページ

1 24km離れた2地点間を往復するのに、行きは時速4kmの速さで歩き、帰りは時速6kmの速さで歩きました。往復の平均の速さは時速何kmになりますか。正しいものを次の A ～ D の中から選びなさい。

A 時速4.2km B 時速4.5km C 時速4.8km

D 時速5.0km

_____

2 120km離れた2地点間を自動車で往復するのに、行きは時速40kmの速さで進み、帰りも一定の速さで進んだところ、往復の平均の速さは時速48kmになりました。帰りの進む速さは時速何kmですか。正しいものを次の A ～ D の中から選びなさい。

A 時速50km B 時速60km C 時速70km D 時速80km

_____

LESSON 17 速さ(旅人算)

　旅人算では、移動している2人の速さの和や差を利用して、追いこしや出会いなどにかかる時間、道のり、速さを求めます。**移動の仕方は、2人が同じ方向に進む場合と、2人が反対の方向に進む場合の2つに分けられます。どちらの場合も、同じ時間で2人が進んだ距離の差や和に注目して考えていきます。**

ココがポイント！

(1)追いこしの場合(同じ方向に進む)：距離の差＝速さの差×時間

毎分(30−20＝)10mで近づく

毎分(30−20＝)10mで遠ざかる

(2)出会いの場合(反対の方向に進む)：距離の和＝速さの和×時間

毎分(30＋20＝)50mで近づく

毎分(30＋20＝)50mで遠ざかる

例題 2400m離れたA地点とB地点の間を、兄は分速90mの速さでA地点から、弟は分速60mの速さでB地点から、同時に向かい合って出発しました。2人が出会うのは出発してから何分後ですか。正しいものを次の A ～ D の中から選びなさい。

　A　16分後　　B　20分後　　C　24分後　　D　30分後

→答えは別冊009ページ

兄と弟はそれぞれの地点から向かい合って出発するので、出会いの場合で考えます。

兄と弟は毎分 (❶☐ ＋ ❷☐ ＝) ❸☐ mで近づくので、

兄と弟が2400m離れている場所から同時に向かい合って出発すると、
2人が出会うのは出発してから、

❹☐ ÷ ❺☐ ＝ ❻☐ (分後)

よって、答えは ❼☐ です。

同じ方向に進む場合は速さの差、反対の方向に進む場合は速さの和で考えよう。

058

→ 答えは別冊009ページ

1 姉が家から駅に向かって分速60mの速さで歩き始めました。その10分後に弟が分速100mで歩いて駅に向かったところ、2人は同時に駅に着きました。家から駅までの道のりは何mですか。正しいものを次のA〜Dの中から選びなさい。

A 800m B 1200m C 1500m D 1600m

_____

2 周りの長さが840mの池があります。この池の周りを一郎と次郎が同じ地点から同時に出発して、反対の方向に回ると6分後に初めて出会います。また、同じ方向に回ると42分後に初めて一郎が次郎を追いこします。このとき、次郎の速さは分速何mですか。正しいものを次のA〜Dの中から選びなさい。

A 分速60m B 分速80m C 分速120m D 分速160m

_____

速さ（通過算）

通過算は、電車のように長さのあるものが通過や追いこし、すれ違いにかかる時間、道のり、速さを求める問題です。**電車自体の長さを道のりの一部として考えることがポイントです。**

ココがポイント！

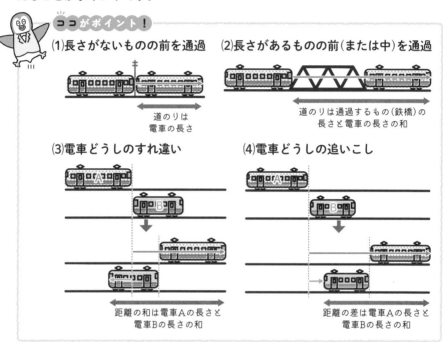

(1)長さがないものの前を通過

道のりは
電車の長さ

(2)長さがあるものの前（または中）を通過

道のりは通過するもの（鉄橋）の
長さと電車の長さの和

(3)電車どうしのすれ違い

距離の和は電車Aの長さと
電車Bの長さの和

(4)電車どうしの追いこし

距離の差は電車Aの長さと
電車Bの長さの和

> **例題** 秒速20mで進んでいる電車が、740mの鉄橋をわたり始めてからわたり終わるまでに45秒かかりました。電車の長さは何mですか。正しいものを次の **A〜D** の中から選びなさい。
>
> **A** 120m　**B** 160m　**C** 180m　**D** 200m　⟳答えは別冊010ページ

電車が進んだ道のりは、❶ □ ×❷ □ =❸ □ （m）

長さがあるものの中を通過する場合なので、電車が進んだ道のりは鉄橋の長さと電車の長さの和になります。

したがって、電車の長さは、❹ □ −❺ □ =❻ □ （m）

よって、答えは❼ □ です。

電車が進む道のりは、「鉄橋の長さ＋電車の長さ」だったね。

→ 答えは別冊010ページ

1 長さが120mの電車が、電柱の前を通り過ぎるのに6秒かかりました。この電車が480mの鉄橋をわたり始めてから、わたり終わるまでに何秒かかりますか。正しいものを次のA〜Eの中から選びなさい。

　A 18秒　　**B** 20秒　　**C** 22秒　　**D** 24秒　　**E** 30秒

2 長さが260mで秒速15mで走っている電車Aが、反対方向から来る長さが100mの電車Bとすれ違うのに8秒かかりました。電車Bの速さは秒速何mですか。正しいものを次のA〜Dの中から選びなさい。

　A 秒速18m　　**B** 秒速20m　　**C** 秒速24m　　**D** 秒速30m

速さ（流水算）

船が川を上ったり下ったりするとき、船は川の流れの影響を受けます。**川を上るとき（上りの速さ）は流れの分だけ遅くなり、川を下るとき（下りの速さ）は流れの分だけ速くなります。**このように川を進む船に関する問題を流水算といいます。

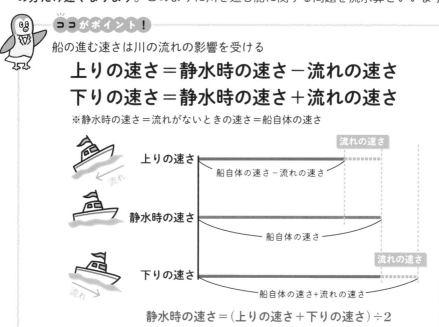

ココがポイント！

船の進む速さは川の流れの影響を受ける

上りの速さ＝静水時の速さ－流れの速さ
下りの速さ＝静水時の速さ＋流れの速さ

※静水時の速さ＝流れがないときの速さ＝船自体の速さ

静水時の速さ＝（上りの速さ＋下りの速さ）÷2
流れの速さ＝（下りの速さ－上りの速さ）÷2

例題　静水時の速さが時速10kmの船が、A地点から24km上流にあるB地点まで上るのに、3時間かかりました。この川の流れの速さは時速何kmですか。正しいものを次の **A ～ D** の中から選びなさい。

A　時速2km　　**B**　時速5km　　**C**　時速8km　　**D**　時速10km

⊙ 答えは別冊010ページ

上りの速さは時速、❶[　　]÷❷[　　]=❸[　　]（km）

静水時の船の速さが時速10kmなので、川の流れの速さは時速、

❹[　　]-❺[　　]=❻[　　]（km）

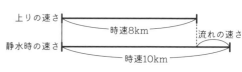

よって、答えは❼[　　]です。

→答えは別冊010ページ

1 流れの速さが時速3kmの川があります。この川の45km離れた2地点間を、静水時の速さが時速12kmの船で往復すると何時間かかりますか。正しいものを次のA〜Eの中から選びなさい。

A 3時間 B 5時間 C 7時間 D 8時間 E 10時間

_____

2 ある船が、一定の速さで流れる川の54km離れた2地点間を往復したところ、上りは3時間、下りは1.8時間かかりました。この船の静水時の速さは時速何kmですか。正しいものを次のA〜Dの中から選びなさい。

A 時速12km B 時速18km C 時速20km D 時速24km

_____

LESSON 20 濃さ（濃さの異なる食塩水）

食塩水の中に含まれる食塩の重さの割合を食塩水の濃さ（**濃度**）といいます。濃度は、ふつう百分率（％）で表します。**濃度を求めるためには、食塩水の重さと食塩水に含まれる食塩の重さを求めなければなりません。**

★ ココがポイント！

(1)食塩水の重さ

食塩水の重さ＝食塩の重さ＋水の重さ

(2)濃さの公式

- 濃さ＝食塩の重さ÷食塩水の重さ（×100）

 ※濃さは、ふつう百分率（％）で表す。
- 食塩の重さ＝食塩水の重さ×濃さ
- 食塩水の重さ＝食塩の重さ÷濃さ

例題 ある容器に6％の食塩水が200g入っています。この食塩水に14％の食塩水を600g加えると、濃さは何％になりますか。正しいものを次の **A ～ D** の中から選びなさい。

 A 8％   **B** 9％   **C** 10％   **D** 12％   ⊙答えは別冊011ページ

6％の食塩水200gに含まれる食塩の重さは、❶ ☐ ×❷ ☐ ＝❸ ☐ （g）

14％の食塩水600gに含まれる食塩の重さは、❹ ☐ ×❺ ☐ ＝❻ ☐ （g）

できた食塩水の重さと、その食塩水に含まれる食塩の重さは、

❶ ☐ ＋❹ ☐ ＝❼ ☐ （g）……食塩水の重さ

❸ ☐ ＋❻ ☐ ＝❽ ☐ （g）……食塩の重さ

> 濃さ6％、14％などの百分率は、小数に直してから計算しよう。

したがって、できた食塩水の濃さは、

❾ ☐ ÷❿ ☐ ×100＝⓫ ☐ （％）

よって、答えは⓬ ☐ です。

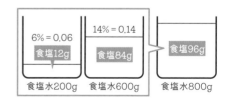

6％＝0.06　食塩12g　食塩水200g
14％＝0.14　食塩84g　食塩水600g
食塩96g　食塩水800g

⊙答えは別冊011ページ

1 3％の食塩水200gと17％の食塩水500gを混ぜると、食塩水の濃さは何％になりますか。正しいものを次のA〜Eの中から選びなさい。

A 4.8% B 6% C 7% D 13% E 14%

_____

2 3％の食塩水100gに、ある濃さの食塩水を200g加えたところ、5％の食塩水ができました。加えた食塩水の濃さは何％ですか。正しいものを次のA〜Eの中から選びなさい。

A 4% B 6% C 8% D 10% E 12%

_____

LESSON 21 濃さ（食塩水と水・食塩）

濃さの問題は、濃さの異なる食塩水を混ぜ合わせる問題だけでなく、「食塩水に水を加える問題」、「食塩水から水を蒸発させる問題」、「食塩水に食塩を加える問題」などもあります。これらの問題では、**「水を加えたり、蒸発させたりしても、食塩の重さは変わらないこと」**また、**「食塩を加えても、水の重さは変わらないこと」**に着目して解いていきます。

ココがポイント！

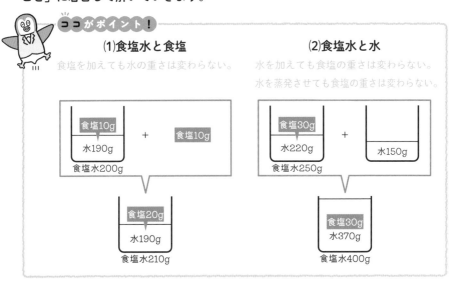

(1)食塩水と食塩
食塩を加えても水の重さは変わらない。

食塩10g
水190g
食塩水200g
＋
食塩10g
↓
食塩20g
水190g
食塩水210g

(2)食塩水と水
水を加えても食塩の重さは変わらない。
水を蒸発させても食塩の重さは変わらない。

食塩30g
水220g
食塩水250g
＋
水150g
↓
食塩30g
水370g
食塩水400g

例題 4%の食塩水300gが入っている容器を熱して水を蒸発させると、5%の濃さの食塩水になりました。何gの水を蒸発させましたか。正しいものを次の **A** ～ **D** の中から選びなさい。

A 40g　**B** 60g　**C** 80g　**D** 100g　　→答えは別冊011ページ

4%の食塩水300gに含まれる食塩の重さは、❶□×❷□＝❸□（g）

水が蒸発して5%の濃さになりましたが、水を蒸発させても、食塩の重さは変わらないので、蒸発後の食塩水の重さは、❹□÷❺□＝❻□（g）

したがって、蒸発させた水の重さは、❼□－❽□＝❾□（g）

よって、答えは❿□です。

食塩の重さは変わらないから、水を加えれば濃度は下がり、水を蒸発させれば濃度は上がるんだね。

→ 答えは別冊011ページ

1 5%の食塩水200gに食塩を50g加えると、食塩水の濃さは何%になりますか。正しいものを次の A ～ E の中から選びなさい。

   A 15%   B 18%   C 20%   D 24%   E 25%

_____

2 15%の食塩水200gに水を50g加えると、食塩水の濃さは何%になりますか。正しいものを次の A ～ E の中から選びなさい。

   A 8%   B 10%   C 12%   D 15%   E 16%

_____

仕事算（2人の場合）

　仕事算は、ある量の仕事があって、その仕事を終えるのにどれだけの時間がかかるかを考える問題です。仕事算の問題を解くときは、**全体の仕事量を、それぞれの仕事にかかる時間の最小公倍数として考えます。**

ココがポイント！

・全体の仕事量を、それぞれの仕事にかかる時間の最小公倍数とする。
・全体の仕事量と時間あたりの仕事量の関係は、

全体の仕事量÷時間＝時間あたりの仕事量

例題 Aが1人ですると6日かかり、Bが1人ですると12日かかる仕事があります。この仕事を2人で一緒にすると何日かかりますか。正しいものを次の **A**〜**D** の中から選びなさい。

A 2日　　**B** 3日　　**C** 4日　　**D** 5日　　⊙ 答えは別冊012ページ

　全体の仕事量を、6と12の最小公倍数の、❶□ とします。

「全体の仕事量÷時間＝時間あたりの仕事量」なので、

　Aの1日あたりの仕事量は、❷□ ÷ ❸□ ＝ ❹□

　Bの1日あたりの仕事量は、❺□ ÷ ❻□ ＝ ❼□

　したがって、AとBが一緒に仕事をするときの1日あたりの仕事量は、

　❹□ ＋ ❼□ ＝ ❽□

　AとBが一緒に仕事をするときにかかる日数は、

　❾□ ÷ ❿□ ＝ ⓫□ （日）

　よって、答えは ⓬□ です。

最小公倍数は連除法で求めてもいい
し、小さいほうの数を2倍、3倍、
……として見つける方法もあるよ。

1 Aが1人ですると84分かかり、Bが1人ですると60分かかる仕事があります。この仕事を2人で一緒にすると何分かかりますか。正しいものを次のA〜Eの中から選びなさい。

A 28分　　B 35分　　C 42分　　D 45分　　E 52分

_____

2 花子が1人ですると15日かかり、太郎と花子の2人ですると6日かかる仕事があります。この仕事を太郎が1人ですると何日かかりますか。正しいものを次のA〜Eの中から選びなさい。

A 8日　　B 9日　　C 10日　　D 11日　　E 12日

_____

LESSON 23 仕事算（3人以上の場合）

仕事算には3人以上で仕事を行う問題もあります。条件が少し複雑になりますが、考え方は2人で行う場合と同じです。**全体の仕事量、それぞれの場合の1時間（1日）あたりの仕事量を求めながら考えていきます。**

ココがポイント！

・全体の仕事量を、それぞれの仕事にかかる時間の最小公倍数とする。
・それぞれの場合の時間あたりの仕事量は、

時間あたりの仕事量＝全体の仕事量÷時間

例題 AとBの2人ですると15日かかり、BとCの2人ですると12日かかり、A、B、Cの3人ですると10日かかる仕事があります。この仕事をBが1人ですると何日かかりますか。正しいものを次の **A** 〜 **D** の中から選びなさい。

A 18日　**B** 20日　**C** 24日　**D** 30日　⊘ 答えは別冊012ページ

全体の仕事量を、15、12、10の最小公倍数の、❶〔　　　〕とします。

AとB2人の1日あたりの仕事量は、

❷〔　　〕÷❸〔　　〕=❹〔　　〕

```
5 ) 15  12  10
3 )  3  12   2
2 )  1   4   2      そのまま
            下におろす
     1   2   1
                 (最小公倍数)
        5×3×2×1×2×1=60
```

BとC2人の1日あたりの仕事量は、

❺〔　　〕÷❻〔　　〕=❼〔　　〕

A、B、C3人の1日あたりの仕事量は、

❽〔　　〕÷❾〔　　〕=❿〔　　〕

また、

Aの1日あたりの仕事量は、⓫〔　　〕−⓬〔　　〕=⓭〔　　〕

Cの1日あたりの仕事量は、⓮〔　　〕−⓯〔　　〕=⓰〔　　〕

したがって、Bの1日あたりの仕事量は、⓱〔　　〕−⓲〔　　〕−⓳〔　　〕=⓴〔　　〕

B1人でこの仕事をするときにかかる日数は、㉑〔　　〕÷㉒〔　　〕=㉓〔　　〕（日）

よって、答えは㉔〔　　〕です。

→ 答えは別冊012ページ

1 A 1人ですると15日、B 1人ですると10日、C 1人ですると18日かかる仕事があります。この仕事を、はじめ A と B が2人で5日働き、残りを C が1人で働いて仕上げることにすると、仕事を始めてから終えるまでに何日かかりますか。正しいものを次の A 〜 E の中から選びなさい。

A 6日　　**B** 7日　　**C** 8日　　**D** 9日　　**E** 10日

_____

2 A と B の2人ですると40日かかり、B と C の2人ですると30日かかり、A、B、C の3人ですると20日かかる仕事があります。この仕事を B が1人ですると何日かかりますか。正しいものを次の A 〜 E の中から選びなさい。

A 60日　　**B** 70日　　**C** 80日　　**D** 90日　　**E** 120日

_____

PART **1** 仕事算（3人以上の場合）

LESSON 24 仕事算（ニュートン算）

　ニュートン算とは仕事算の一種です。一定の割合で水が増え続ける池の水をポンプでくみ出す場合のように、**ポンプの仕事量だけでなく、増え続ける水の量との関係も考えます。**行列に並ぶ人、牧場の草、井戸水の水などに置きかえられる場合もあります。

ココがポイント！

全体の仕事量を、それぞれの仕事にかかる時間の最小公倍数とする

【例】　500Lの水がたまっている泉があり、この泉に毎分5Lの割合で水がわき出している。1台のポンプを使って泉の水をくみ出したところ、50分で泉が空になった。

例題

　水槽が満水になるのに、給水管Pで24分、給水管Qで30分かかります。また、満水になった水槽からポンプRで水をくみ出すと、水槽は40分で空になります。空の水槽に給水管PとQで水を入れ、同時にポンプRで水をくみ出すと、水槽は何分で満水になりますか。正しいものを次の **A ～ D** の中から選びなさい。

A 18分　　**B** 20分　　**C** 22分　　**D** 28分　　⊙答えは別冊013ページ

全体の仕事量を、24、30、40の最小公倍数の、❶[　]とします。

Pが1分に入れる水の量は、❷[　]÷❸[　]=❹[　]

Qが1分に入れる水の量は、❺[　]÷❻[　]=❼[　]

Rが1分にくみ出す水の量は、❽[　]÷❾[　]=❿[　]

給水管P、給水管Q、ポンプRを同時に使って、

1分にたまる水の量は、❹[　]+❼[　]−❿[　]=⓫[　]

したがって、水槽が満水になるのは、⓬[　]÷⓭[　]=⓮[　]（分）

よって、答えは⓯[　]です。

```
2 ) 24  30  40
2 ) 12  15  20
2 )  6  15  10
3 )  3  15   5
5 )  1   5   5
     1   1   1
```
（最小公倍数）
2×2×2×3×5×1×1×1
=120

072

1 水槽が満水になるのに、ポンプＡでは4時間かかります。また、満水になった水槽からポンプＢで水をくみ出すと、水槽は6時間で空になります。空の水槽にポンプＡを2台使って水を入れ、同時にポンプＢを1台使って水をくみ出すと、水槽は何時間で満水になりますか。正しいものを次のＡ～Ｅの中から選びなさい。

Ａ 3時間　　Ｂ 4時間　　Ｃ 5時間　　Ｄ 6時間　　Ｅ 7時間

_____

2 水槽が満水になるのにＡ管で36分、Ｂ管で45分かかります。この空の水槽にＡ管だけで水を入れましたが、18分たったときに排水管Ｃが開いていることに気がついたのでＣ管を閉め、Ａ管とＢ管の両方で水を入れたところ16分で満水になりました。Ｃ管は満水の水槽を何分で空にしますか。正しいものを次のＡ～Ｅの中から選びなさい。

Ａ 20分　　Ｂ 30分　　Ｃ 40分　　Ｄ 50分　　Ｅ 60分

_____

場合の数（順列）

　いくつかのものを、**順序を考えて1列に並べる**とき、その並べ方の総数を**順列**といいます。たとえば、A、B、C、D、Eの5枚のカードの中から2枚のカードを並べるとき、1番目の並べ方が5通りあり、2番目には、はじめに使ったカードを除いた4枚の中から1枚を並べるので4通りずつあり、……と考えていくと、並べ方は全部で（5×4＝）20通りになることがわかります。**一般に、n個からr個を取り出して並べる順列の総数は、$_nP_r$で表します。**

ココがポイント！

n個からr個を取り出して並べる順列の総数

r個

$$_nP_r=n \times (n-1) \times (n-2) \times \cdots\cdots \times (n-r+1)$$

$r=n$のとき、n個を1列に並べる順列の総数は、$n!$（nの階乗）で表す。

$$_nP_n=n!=n \times (n-1) \times (n-2) \times \cdots\cdots \times 3 \times 2 \times 1$$

※$2!=2$、$3!=6$、$4!=24$、$5!=120$は覚えておくと役に立つ。

例題　次の問いに答えなさい。

(1) $_{10}P_3$の値はいくつですか。正しいものを次の**A**～**D**の中から選びなさい。

　A 56　　**B** 120　　**C** 504　　**D** 720

(2) $_6P_6$の値はいくつですか。正しいものを次の**A**～**D**の中から選びなさい。

　A 36　　**B** 120　　**C** 560　　**D** 720　　　→ 答えは別冊013ページ

(1) $_{10}P_3=$

　　よって、答えは ⑤□ です。

$n!$は「nの階乗」といい、1からnまでのすべての自然数の積を表すんだったね。

(2) $_6P_6=6!$

　　なので、

　　$6!=$

　　よって、答えは ⑬□ です。

→ 答えは別冊013ページ

1 9人の中から4人選んで1列に並べる方法は何通りありますか。正しいものを次のA～Eの中から選びなさい。

A 840通り B 1680通り C 3024通り

D 3928通り E 4536通り

2 父、母、4人の子どもの6人が、横1列に並んで写真を撮ります。父と母が両端になるような並び方は何通りありますか。正しいものを次のA～Eの中から選びなさい。

A 26通り B 48通り C 96通り

D 120通り E 240通り

LESSON 26 　場合の数（組合せ）

いくつかのものの中から、取り出すものの順序を無視して組を作るとき、その選び出した場合の数を組合せといいます。たとえば、A、B、C、D、Eの5枚のカードから2枚のカードを選ぶとき、{AB}と{BA}は組合せとしては同じものと考えます。一般に、n個からr個を取り出して作る組合せの総数は、${}_nC_r$で表します。

 ココがポイント！

n個からr個を取り出して作る組合せの総数

取り出すものの順序は考えない

分子も分母もr個

$$_nC_r = \frac{n \times (n-1) \times \cdots\cdots \times (n-r+1)}{r \times (r-1) \times \cdots\cdots \times 3 \times 2 \times 1}$$

【例】　A、B、C、D、E、Fの6人から2人を選ぶ場合。

$$_6C_2 = \frac{6 \times 5}{2 \times 1} = 15（通り）$$

例題　次の問いに答えなさい。

(1) ${}_8C_3$の値はいくつですか。正しいものを次の **A ～ D** の中から選びなさい。

　A 56　　**B** 126　　**C** 288　　**D** 504

(2) ${}_9C_5$の値はいくつですか。正しいものを次の **A ～ D** の中から選びなさい。

　A 42　　**B** 56　　**C** 126　　**D** 168　　→ 答えは別冊013ページ

(1) ${}_8C_3 = \dfrac{\boxed{④} \times \boxed{⑤} \times \boxed{⑥}}{\boxed{①} \times \boxed{②} \times \boxed{③}} = \boxed{⑦}$

よって、答えは $\boxed{⑧}$ です。

たとえば、異なる8個の中から3個を選ぶということは、選ばない5個を決めることと結果的には同じことだね。だから、(1)は${}_8C_3 = {}_8C_5$、(2)は${}_9C_5 = {}_9C_4$が成り立つんだ。

(2) ${}_9C_5 = \dfrac{\boxed{⑭} \times \boxed{⑮} \times \boxed{⑯} \times \boxed{⑰} \times \boxed{⑱}}{\boxed{⑨} \times \boxed{⑩} \times \boxed{⑪} \times \boxed{⑫} \times \boxed{⑬}} = \boxed{⑲}$

よって、答えは $\boxed{⑳}$ です。

答えは別冊013ページ

1 代表3人を選ぶ選挙に、10人が立候補しています。当選する3人の組合せは何通りありますか。正しいものを次の **A** ～ **E** の中から選びなさい。

- **A** 30通り
- **B** 60通り
- **C** 120通り
- **D** 225通り
- **E** 675通り

2 ある地区のサッカー大会に8チームが参加しました。リーグ戦(参加したチームが、他のすべてのチームと対戦する形式)で試合をするとき、全部で何試合をすることになりますか。正しいものを次の **A** ～ **E** の中から選びなさい。

- **A** 9試合
- **B** 10試合
- **C** 20試合
- **D** 24試合
- **E** 28試合

LESSON 27 場合の数(和と積の法則)

　2つの事柄A、Bが同時に起こらないとき、A、Bのいずれかが起こる場合の数は、A、Bそれぞれの場合の数の和となります。これを**和の法則**といいます。一方、2つの事柄A、Bがともに起こるとき、事柄Aが起こる場合のそれぞれに対して事柄Bが起こる場合の数は、A、Bそれぞれの場合の数の積となります。これを**積の法則**といいます。

ココがポイント！

(1)和の法則(事柄Aと事柄Bが同時に起こらない)

　Aがa通り、Bがb通りなら、

AまたはBが起こる場合の数は、$a+b$通り

※「AまたはB」、「AかB」「A or B」などで表現できる事柄。

(2)積の法則(事柄Aと事柄Bがともに起こる)

　Aがa通り、Bがb通りなら、

AそしてBが起こる場合の数は、$a×b$通り

※「AそしてB」、「AしてBする」「A and B」などで表現できる事柄。

例題 1個のさいころを続けて2回投げるとき、目の積が12の倍数となる場合の数は何通りありますか。正しいものを次の **A ～ D** の中から選びなさい。

A 2通り 　 **B** 4通り 　 **C** 7通り 　 **D** 8通り 　 ⟳答えは別冊014ページ

出る目の積が12の倍数となるのは、

目の積が12、❶□、❷□の場合です。

目の積が12となるのは、　　　残りをすべて書く

❸ [(2、6)、　　　　　　　　　　　　　　　　　] の4通り。

目の積が❶□となるのは、❹[　すべて書く　　　　] の2通り。

目の積が❷□となるのは、❺[　　　] の1通り。

したがって、目の積が12の倍数となるのは、

❻□ + ❼□ + ❽□ = ❾□ (通り)

よって、答えは ❿□ です。

> 目の積が12になる事柄をAとし、他の2つの数になる事柄をそれぞれB、Cとしたとき、A、B、Cは同時に起こらないので和の法則で総数が求められるね。

→答えは別冊014ページ

1 大中小3個のさいころを同時に投げて、出た目の積が奇数になる場合は何通りありますか。正しいものを次の A ～ E の中から選びなさい。

A 9通り   **B** 27通り   **C** 54通り

D 81通り   **E** 108通り

_____

2 6人を、3人、2人、1人の3組に分けるとき、分け方は何通りありますか。正しいものを次の A ～ E の中から選びなさい。

A 20通り   **B** 40通り   **C** 50通り

D 60通り   **E** 90通り

_____

場合の数（円順列）

いくつかのものを円形に並べる順列を**円順列**といいます。**円順列では、回転し てもとなりどうしの位置が変わらなければ、並び方は同じものとみなします。**た とえば、円卓に着席するA、B、C、Dの4人の円順列の総数を考えるとき、4人が 1席ずつずれて着席しても、それらはすべて同じ並び方です。

ココがポイント！

(1)ものを円形に並べる順列

ABCD

DABC

CDAB

BCDA

ABCD、DABC、CDAB、BCDAの並び方は同じ。このように、円順 列では回転しても並び方が変わらなければ、同じ並び方とみなす。同 じ並び方は、Aが選べる着席場所（4か所）の数だけある。

(2)n個の円順列の総数

$$(n-1)!通り$$

例題 5人が円卓に着席する方法は何通りありますか。正しいものを次の **A** 〜 **D** の中から選びなさい。

A 24通り　　**B** 30通り　　**C** 96通り　　**D** 120通り

→ 答えは別冊014ページ

n個の円順列の総数は、(n−1)!で求めら れるので、5人が円卓に着席する方法は、

$$\left(\overset{①}{\boxed{}}-1\right)!$$

$$=\overset{②}{\boxed{}}\times\overset{③}{\boxed{}}\times\overset{④}{\boxed{}}\times\overset{⑤}{\boxed{}}$$

$$=\overset{⑥}{\boxed{}}(通り)$$

よって、答えは $\overset{⑦}{\boxed{}}$ です。

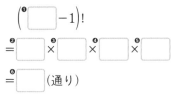

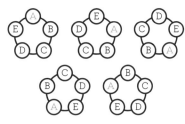

上の図の並べ方は全部同じ並 べ方とみなすよ。

→答えは別冊014ページ

1 異なる色の6個の玉を机の上に円形に並べるとき、並べ方は何通りありますか。正しいものを次の A ～ E の中から選びなさい。

A 24通り　　B 36通り　　C 48通り

D 96通り　　E 120通り

2 赤、青、黄、緑、紫の5色のペンキがあります。右の図のように、5色のペンキを使って、正方形の5つの部分、ア、イ、ウ、エ、オにぬり分けようと思います。5色全部を使ってぬり分ける方法は何通りありますか。ただし、正方形を回転させて並び方が同じになるものは同じ並び方とみなします。正しいものを次の A ～ E の中から選びなさい。

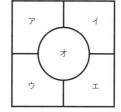

A 24通り　　B 30通り　　C 36通り

D 48通り　　E 60通り

LESSON 29 場合の数（重複順列）

同じものをくり返し選んで並べる順列を**重複順列**といいます。たとえば、A、B、Cの3種類の文字から重複を許して4文字を1列に並べる場合を考えるとき、4か所のどの場所でもA、B、Cの3通りの並べ方があるので、並べ方の総数は、（3×3×3×3＝）81通りとなります。

ココがポイント！

(1)重複を許して1列に並べる順列

【例】 A、B、Cの3種類の文字から重複を許して4文字を選んで1列に並べる場合。

$$3×3×3×3=3^4=81（通り）$$

(2)n個から重複を許してr個を取り出して並べる重複順列の総数

$$n^r 通り$$

> **例題** 1、2、3、4の4種類の数字を用いて3けたの整数はいくつ作ることができますか。ただし、同じ数字を何回使用してもよいものとします。正しいものを次の **A**〜**D** の中から選びなさい。
>
> **A** 27通り　　**B** 36通り　　**C** 48通り　　**D** 64通り
>
> 答えは別冊014ページ

百の位、十の位、一の位の数の選び方は、それぞれ❶[　　]通りです。

したがって、求める3けたの整数は、

❷[　　]×❸[　　]×❹[　　]＝❺[　　]（通り）

よって、答えは❻[　　]です。

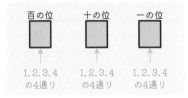

重複順列の式で表すと、
$n^r = 4^3$ となるよ。3^4 としないように気をつけよう。

⊙答えは別冊014ページ

1 A、B、C、D、E、F、G、H、I、Jの10人を、赤黒2つの部屋に分けるとき、分け方は何通りありますか。正しいものを次の **A**～**E** の中から選びなさい。ただし、どちらの部屋にも必ず1人以上の人が入るものとします。

A 20通り **B** 80通り **C** 446通り

D 512通り **E** 1022通り

_____

2 3人の子どもにA、B、C、D、E、Fの6個のおかしを配ります。おかしを1個ももらえない子どもがいてもよいものとすると、分け方は何通りありますか。正しいものを次の **A**～**E** の中から選びなさい。

A 108通り **B** 216通り **C** 638通り

D 729通り **E** 1296通り

_____

LESSON 30 確率（和と積の法則）

起こりうるすべての場合の数（全事象）に対して、ある事象が起こる場合の数の割合を、ある事象が起こる**確率**といいます。たとえば、硬貨を投げて裏が出る確率は$\frac{1}{2}$、さいころを投げて出る目が5である確率は$\frac{1}{6}$などと表します。また、2つの確率を組み合わせる問題では、和の法則や積の法則を用いて考えていきます。

ココがポイント！

ある事象が起こる確率

$$確率＝\frac{求める場合の数}{起こりうるすべての場合の数（全事象）}$$

・和の法則：Aの確率がa、Bの確率がbなら、

AまたはBが起こる確率は、$a+b$（同時に起こらない）

・積の法則：Aの確率がa、Bの確率がbなら、

AそしてBが起こる確率は、$a \times b$（ともに起こる）

例題 赤玉が5個、白玉が2個入った袋から、同時に2個の玉を取り出すとき、赤玉と白玉を1個ずつ取り出す確率はどれだけですか。正しいものを次の **A** ～ **D** の中から選びなさい。

A $\dfrac{2}{7}$ **B** $\dfrac{1}{3}$ **C** $\dfrac{9}{14}$ **D** $\dfrac{10}{21}$

⊙ 答えは別冊015ページ

赤玉と白玉の合計7個から2個取り出す組合せを${}_nC_r$で表すと、[①]なので、

$$[①]=\frac{[④] \times [⑤]}{[②] \times [③]}=[⑥]（通り）$$

赤玉5個から1個取り出す組合せを${}_nC_r$で表すと、[⑦]＝[⑧]（通り）

白玉2個から1個取り出す組合せを${}_nC_r$で表すと、[⑨]＝[⑩]（通り）

求める確率は、$\dfrac{[⑧] \times [⑩]}{[⑥]}=[⑪]$

よって、答えは[⑫]です。

赤玉を1個、そして白玉を1個取り出すと考えるよ。

→ 答えは別冊015ページ

1 赤玉が4個、白玉が6個入った袋から、同時に3個の玉を取り出すとき、赤玉を1個と白玉を2個取り出す確率はどれだけですか。正しいものを次の A〜E の中から選びなさい。

A $\dfrac{1}{2}$ B $\dfrac{1}{4}$ C $\dfrac{1}{5}$ D $\dfrac{1}{6}$ E $\dfrac{1}{7}$

2 4人がじゃんけんを1回するとき、1人だけ勝つ確率はどれだけですか。正しいものを次の A〜E の中から選びなさい。

A $\dfrac{1}{9}$ B $\dfrac{2}{9}$ C $\dfrac{1}{15}$ D $\dfrac{2}{15}$ E $\dfrac{4}{27}$

確率（余事象）

　事象Aに対して「事象Aが起こらない」という事象を、事象Aの余事象といいます。余事象を利用することで、問題が速く解ける場合があります。たとえば、「大小2個のさいころを同時に投げるとき、奇数の目が少なくとも1つ出る確率」を求める問題では「奇数の目が少なくとも1つ出る」確率を直接考えるより、その余事象である「2個とも偶数の目が出る」確率を考えるほうが速く解けます。

ココがポイント！

余事象の確率

（事象Aが起こらない確率）
＝１－（事象Aが起こる確率）

※1＝起こりうるすべての場合（全事象）の確率

問題文に「少なくとも」という言葉が出てきたら「余事象の確率」を考える。

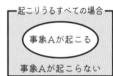

起こりうるすべての場合

事象Aが起こる

事象Aが起こらない

例題 大小2個のさいころを同時に投げるとき、奇数の目が少なくとも1つ出る確率はどれだけですか。正しいものを次の **A** ～ **D** の中から選びなさい。

A $\dfrac{3}{4}$　　**B** $\dfrac{5}{6}$　　**C** $\dfrac{1}{12}$　　**D** $\dfrac{5}{36}$

⊙答えは別冊015ページ

大小2個のさいころの目の出方の総数は、$\boxed{}^{❶}\times\boxed{}^{❷}=\boxed{}^{❸}$（通り）

2、4、6　2、4、6

2個とも偶数の目が出る場合は、$\boxed{}^{❹}\times\boxed{}^{❺}=\boxed{}^{❻}$（通り）

したがって、2個とも偶数の目が出る確率は、$\dfrac{\boxed{}^{❽}}{\boxed{}^{❼}}=\dfrac{\boxed{}^{❿}}{\boxed{}^{❾}}$

約分する

求める確率は、$\boxed{}^{⓫}-\dfrac{\boxed{}^{⓵}}{\boxed{}^{❾}}=\dfrac{\boxed{}^{⓭}}{\boxed{}^{⓬}}$

よって、答えは$\boxed{}^{⓮}$です。

問題文中に「少なくとも」を見つけたら、余事象を思い出すようにしよう。

1 2個のさいころを同時に投げるとき、同じ目が出ない確率はどれだけですか。正しいものを次の A〜E の中から選びなさい。

A $\dfrac{1}{4}$ B $\dfrac{3}{4}$ C $\dfrac{1}{5}$ D $\dfrac{1}{6}$ E $\dfrac{5}{6}$

2 当たり3本、はずれ7本が入った10本のくじから、同時に3本引くとき、少なくとも1本が当たる確率はどれだけですか。正しいものを次の A〜E の中から選びなさい。

A $\dfrac{17}{48}$ B $\dfrac{17}{24}$ C $\dfrac{7}{24}$ D $\dfrac{17}{18}$ E $\dfrac{7}{12}$

LESSON 32 集合（ベン図）

ある条件で分けられたものの集まりを**集合**といいます。集合の問題を解くときは、条件を満たすか満たさないかを視覚的に整理した**ベン図**を利用すると考えやすくなります。

ココが**ポイント**！

ベン図を利用する

① : Aは満たすが、Bは満たさない。
② : AもBも満たす。
③ : Aは満たさないが、Bは満たす。
④ : AもBも満たさない。

※AとBの少なくともどちらか一方を満たす場合は、
　①＋②＋③の部分で、この場合の余事象は④。

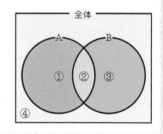

例題　40人のクラスで音楽と体育が好きかどうかについてアンケートを取ったところ、音楽が好きな人が28人、体育が好きでない人が13人、どちらも好きな人が18人でした。音楽または体育のどちらか一方だけが好きな人は何人ですか。正しいものを次の **A**〜**D** の中から選びなさい。

A 15人　　**B** 19人　　**C** 23人　　**D** 27人　　⊙答えは別冊016ページ

条件をベン図で表すと、右のようになります。
㋐〜㋓のうち、音楽または体育のどちらか一方だけが好きな人は、㋐＋㋒です。

音楽だけが好きな人（㋐）は、28人－㋑なので、

$$\boxed{}^{❶} - \boxed{}^{❷} = \boxed{}^{❸}（人）$$

体育が好きな人（㋑＋㋒）は、40人－（㋐＋㋓）なので、$\boxed{}^{❹} - \boxed{}^{❺} = \boxed{}^{❻}（人）$

体育だけが好きな人（㋒）は、$\boxed{}^{❼} - 18 = \boxed{}^{❽}（人）$

したがって、音楽または体育のどちらか一方だけが好きな人（㋐＋㋒）は、

$$\boxed{}^{❸} + \boxed{}^{❽} = \boxed{}^{❾}（人）$$

よって、答えは$\boxed{}^{❿}$です。

→答えは別冊016ページ

1 80人の生徒に対して、犬、猫を飼っているかどうかを調べたところ、犬を飼っている人は48人、猫を飼っている人は39人いました。犬も猫も飼っている人は、最も少ない場合で何人ですか。正しいものを次の A ～ E の中から選びなさい。

  A 5人   **B** 6人   **C** 7人   **D** 8人   **E** 9人

_____

2 100人に、A、B、Cの3問のクイズを出題したところ、AとBの少なくとも1問を正解した人は85人、A、B、Cの3問とも正解しなかった人は2人でした。Cだけ正解した人は何人ですか。正しいものを次の A ～ E の中から選びなさい。

  A 3人   **B** 7人   **C** 9人   **D** 11人   **E** 13人

_____

LESSON 33 推論（条件の限定）

与えられた情報をもとに正しい結論を導く問題を推論といいます。公式等を用いる必要はありませんが、条件を図に整理しながら、確実にいえることといえないことを、落ち着いて判断していきましょう。

ココがポイント！

条件の限定範囲を考える

条件の包含関係を整理するために、右のような図をかいて考える。図において、**内側の条件が正しければ、外側の条件も必ず正しい。逆に外側の条件が正しくても、内側の条件が正しいとはかぎらない。**

Yが正しければ   Zが正しければ
Xも必ず正しい   Xも必ず正しい

> **例題** 1けたの数字が書かれたカードが2枚あります。このカードについて、次のX、Yのような発言がありました。
>
> 　　X：2枚のカードの数字の和は偶数です。
>
> 　　Y：2枚のカードに書かれている数字はどちらも奇数です。
>
> 　推論ア、イについて、正しいといえるものを示しているものを、次の**A**～**D**の中から選びなさい。
>
> 　　ア：Xが正しければYも必ず正しい。
>
> 　　イ：Yが正しければXも必ず正しい。
>
> **A**　アだけ　　**B**　イだけ　　**C**　アとイ　　**D**　どちらでもない
>
> → 答えは別冊016ページ

数字を奇数と偶数に分けて考えるとき、2枚のカードの組合せは、次の3通りです。

①偶数＋偶数＝偶数　　　②奇数＋奇数＝偶数

③奇数＋偶数＝奇数（偶数＋奇数＝奇数）

したがって、①～③のうち、発言Xは [**❶**] と [**❷**] が

当てはまり、発言Yは [**❸**] が当てはまります。

^{XかY}[**❹**] の条件は必ず ^{XかY}[**❺**] の条件に含まれますが、

^{XかY}[**❻**] の条件は必ずしも ^{XかY}[**❼**] の条件には含まれません。

よって、答えは [**❿**] です。

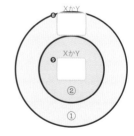

答えは別冊016ページ

1 箱の中に、色のついたカードが10枚入っています。これらのカードの色について、次のX、Y、Zのような3つの発言がありました。

    X：3枚引いたところ、カードの色は2種類でした。
    Y：2枚引いたところ、青と赤のカードでした。
    Z：箱の中には、少なくとも2種類の色のカードが入っています。

この3つの発言は、すべて正しいとはかぎりません。このとき、推論ア～ウについて、正しいといえるものを示しているものを、次の**A**～**F**の中から選びなさい。

    ア：Xが正しければZも必ず正しい。
    イ：Yが正しければXも必ず正しい。
    ウ：Xが正しければYも必ず正しい。

A アだけ   **B** イだけ   **C** ウだけ

D アとイ   **E** イとウ   **F** アとウ

LESSON 34 推論（場合分け）

推論の正誤を判断する問題では、**その推論に何が含まれているのか、また、何が含まれていないのか、すべての場合をひとつひとつ吟味しましょう。**

ココがポイント！

・「必ず正しい」⇒**すべての場合で成り立つ。**

・「必ずしも正しいとはいえない」⇒**成り立たない場合がある。**

・「必ずしも誤りとはいえない」⇒**成り立つ場合がある。**

・「必ず誤っている」⇒**すべての場合で成り立たない。**

すべての場合をひとつひとつ吟味する

例題 100人の生徒が、P、Q、Rの3つの講座を受講します。この受講生について、次のX、Yのような発言がありました。

　　X：どの生徒も少なくとも1つの講座は受講します。

　　Y：Rの受講生は30人で、そのすべてがQを受講します。

　推論ア、イの正誤について、正しいものを示しているものを、次の **A** ～ **D** の中から選びなさい。

　　ア：Pの受講生の中にRを受講する生徒はいない。

　　イ：少なくともPかQのどちらかを受講する生徒は100人である。

A　アもイも正しい。　　　　**B**　アは正しいがイは正しいとはかぎらない。

C　アもイも正しくない。　　**D**　アは正しいとはかぎらないがイは正しい。

→ 答えは別冊017ページ

発言Xより、少なくともP、Q、Rのいずれかを受講する生徒は、〔 **❶** 〕人です。

発言Yより、Rの受講生はすべて〔 **❷** 〕を受講するので、少なくともPかQのどちらかを受講する生徒は、〔 **❸** 〕人です。したがって、〔 **❹** アかイ 〕は正しいといえます。

また、Rの受講生のうち何人がPを受講するかはわかりませんが、3つをすべて受講する場合もあるので、〔 **❺** アかイ 〕は必ずしも正しいとはいえません。

よって、答えは〔 **❻** 〕です。

100人

P　Q

R

100人　　　　　0人

092

1 太郎、次郎、花子の3人は、4つの雑誌Ｐ、Ｑ、Ｒ、Ｓのうち、2つの雑誌を定期購読しています。3人が購読している雑誌について、次のＸ、Ｙ、Ｚのような発言がありました。

　　　Ｘ：誰も購読していない雑誌はありません。
　　　Ｙ：太郎はＰを購読しています。
　　　Ｚ：次郎はＱを購読しています。

　このとき、推論ア～ウについて、正しいといえるものを示しているものを、次のＡ～Ｆの中から選びなさい。

　　　ア：花子は少なくともＲかＳのどちらかを購読している。
　　　イ：3人のうち1人だけが購読している雑誌が2誌以上ある。
　　　ウ：太郎と次郎がともに購読している雑誌がある。

A　アだけ　　　**B**　イだけ　　　**C**　ウだけ
D　アとイ　　　**E**　イとウ　　　**F**　アとウ

推論 (順位)

　与えられた条件から順位を整理する問題では、条件を記号化して順に並べながら考えていきます。中には順位が1つに決まらないものもありますが、無理にすべての順位を決めようとせず、いくつかの仮説を検証しながら考えていきましょう。

💡ココがポイント！

複数の仮説を検証する

　順位が1つに決まらない場合は、いくつかの選択肢を検討する。

【例】「AはBより後で、CはBより後」という条件の場合、右のような選択肢が考えられる。

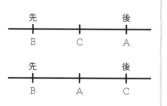

例題 　P、Q、R、Sの4人が100m競走をしたところ、QはPよりも後にゴールし、Sは1位でも4位でもありませんでした。また、QはRよりも先にゴールしました。このとき、Pは何位ですか。正しいものを次の **A**〜**D** の中から選びなさい。

A 1位　　**B** 2位　　**C** 3位　　**D** 4位　　⟳答えは別冊017ページ

　与えられた条件を整理すると、次の3つになります。

①QはPより後にゴールした。　　　　図1

②Sは1位でも4位でもなかった。

③QはRより先にゴールした。

　①と③を線分図で表すと、図1のようになります。

　②で、Sは1位でも4位でもなかったので、**❶**[　　]位か**❷**[　　]位であったことがわかります。以上を線分図にまとめると、図2または図3のようになります。

図2　　　　　　　　　　　　　　　図3

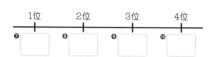

　したがって、どちらの場合もPは**⓫**[　　]位であることがわかります。

　よって、答えは**⓬**[　　]です。

EXERCISE

→答えは別冊017ページ

1 P、Q、R、S、T、Uの6人が競走をしました。この結果について、次のⅰ、ⅱがわかっています。

　　ⅰ：PとQの間には3人いました。
　　ⅱ：TとUの間には3人いました。

　このとき、推論として確実に正しいといえるものを、次の**A**〜**F**の中から選びなさい。

A　Pが1位だとするとUは6位である。
B　Tは必ず上位半分以上である。
C　RがSに勝ったとするとRは3位である。
D　Uが6位でないとするとTは5位である。
E　Qが6位になることはない。
F　Sは5位になることがある。

LESSON 36 推論(位置関係)

　与えられた条件から位置関係を整理する問題も、仮説の検証が重要になります。条件を図に整理しながら考え、位置関係が1つに決まらない場合は、いくつか仮説を立てて、それらを検証していきます。

ココがポイント！

位置関係は1つのまとまりで考える

- ・「AとBはとなりどうし」、「AはBと接する」→AB（またはBA）
  ※「AはBの右側」という表現だと、AとBの間に他のものが入る可能性がある。
- ・「Cのとなりは空席」→C○（または○C）

例題　円卓に、ア、イ、ウ、エの4人が座っていて、次の ⅰ 、ⅱ がわかっています。4人の座り方で正しいものを、次の **A** 〜 **D** の中から選びなさい。

　　ⅰ：アの正面にエが座っている。

　　ⅱ：ウの右どなりはアではない。

A　アの左どなりはウである。　　**B**　イの右どなりはエである。

C　イの左どなりはアではない。　**D**　ウの右どなりはエではない。

⊙ 答えは別冊017ページ

　まず、ⅰ より、アの位置を右のように決めると、エの位置はアの正面に決まります。

　次にⅱより、ウの右どなりはアではない。つまり、ウの左どなりがアになるので、

ウの位置は _{PかQ} 〔　❶　〕、イの位置は _{PかQ} 〔　❷　〕と決まります。

　ここで、選択肢 **A** 〜 **D** を1つずつ検討します。

　　　　　　　　　　　　　　　　　　正しいほうを○でかこむ

A……アの左どなりは〔　❸　〕なので、Aは（正しい・正しくない）。

B……イの右どなりは〔　❹　〕なので、Bは（正しい・正しくない）。

C……イの左どなりは〔　❺　〕なので、Cは（正しい・正しくない）。

D……ウの右どなりは〔　❻　〕なので、Dは（正しい・正しくない）。

　よって、答えは〔　❼　〕です。

（円卓の図：上にア、右下にQ、左下にP、下にエ）

→答えは別冊017ページ

1 右の図のような2階建てのアパートに、ア、
イ、ウ、エ、オ、カの6人が1人1部屋で住ん
でいて、次の i ～ iv がわかっています。

2階	201	202	203
1階	101	102	103

  i ：アとイの部屋は最も離れている。

  ii ：カのとなりにはオが住んでいる。

  iii ：オの部屋番号は奇数である。

  iv ：エはアの真上に住んでいる。

このとき、102号室に住んでいるのは誰ですか。正しいものを次の A
～ F の中から選びなさい。

A ア   B イ   C ウ   D エ   E オ   F カ

LESSON 37 推論（内訳）

与えられた条件を整理して内訳を考える問題です。条件を整理するときは数式に置きかえて数量を求めます。与えられた条件が一目で理解できるように、できるだけ簡単な数式に置きかえましょう。複数の数式が考えられる場合は、場合分けをして、ひとつひとつ検証していきます。

> **ココがポイント！**
> ## 数式（等式や不等式）に置きかえる
> ・「AはBより大きい」→A＞B
> ・「CとDの年齢の和は79歳」→C＋D＝79
> ・「ボールペンは鉛筆より8本多い」→ボ－え＝8
> ・「袋の中に赤玉、青玉、黄玉が少なくとも1個は入っている」
> 　→赤・青・黄＞0

例題 赤玉、青玉、黄玉が合わせて7個あり、次のi〜iiiがわかっています。

　i：赤玉、青玉、黄玉は、それぞれ少なくとも1個はある。

　ii：赤玉は青玉より多い。

　iii：赤玉と黄玉の個数は同じ。

　このとき、青玉は何個ですか。正しいものを次の A 〜 D の中から選びなさい。

A 1個　　**B** 2個　　**C** 3個　　**D** 4個　　⟶ 答えは別冊018ページ

赤玉は「赤」、青玉は「青」、黄玉は「黄」として式を作ると、

問題文より、❶□＋❷□＋❸□＝❹□（個）

> iより、赤、青、黄＞0と表せるので、どの色の玉も0個になることはありえないね。

iiiより、❺□＝❻□

このとき、（赤・青・黄）の個数は、次の3つの組合せが考えられます。

　　　　赤　青　黄　　　　　　赤　青　黄　　　　　　赤　青　黄
❼(　・　・　)、❽(　・　・　)、❾(　・　・　)

ここで、iiより、❿□＞⓫□なので、

　赤　青　黄
⓬(　・　・　)　が条件に当てはまり、青玉は⓭□個とわかります。

よって、答えは⓮□です。

答えは別冊018ページ

1 袋の中にミカン、リンゴ、カキが合わせて15個入っています。どれも少なくとも1個は入っており、ミカンの個数はリンゴやカキの個数より多いことがわかっています。このとき、推論ア〜ウについて、正しいといえるものを示しているものを、次のA〜Fの中から選びなさい。

ア：ミカンの個数は最も多くて14個。
イ：リンゴの個数は6個以下。
ウ：ミカンの個数は最も少なくて6個。

A　アだけ　　　B　イだけ　　　C　ウだけ
D　アとイ　　　E　イとウ　　　F　アとウ

LESSON 38 推論（平均）

　いくつかの数量を、同じ大きさになるようにならした数量を平均といいます。平均は数量の合計を個数でわって求めます。一見、易しい問題のようですが、平均と平均から全体の平均を求めるような問題では注意が必要です。そのような場合は、**平均に個数でかけることで全体の合計量を求め直してから、全体の平均を計算し直します。**

> **ココがポイント！**
>
> ### 数量の合計と平均
> 平均＝数量の合計÷個数
> 数量の合計＝平均×個数
>
> 【例】　男子5人の身長の平均が170cmで、女子3人の身長の平均が154cmのとき、男子と女子を合わせた8人の身長の平均は、
> $$(170×5+154×3)÷(5+3)＝164(cm)$$

> **例題**　4回のテストの平均点が75点でした。平均点を78点以上にするためには、5回目のテストで何点以上をとればよいですか。正しいものを次の**A〜D**の中から選びなさい。
>
> **A** 78点　　**B** 84点　　**C** 90点　　**D** 96点　　⊙答えは別冊018ページ

　「数量の合計＝平均×個数」なので、5回のテストの平均点が78点になるためには、5回のテストの合計点が、

^❶☐ × ^❷☐ ＝ ^❸☐ （点以上）

でなければなりません。4回のテストの合計点は、

^❹☐ × ^❺☐ ＝ ^❻☐ （点）

なので、5回目のテストでとる得点は、

^❼☐ − ^❽☐ ＝ ^❾☐ （点以上）

よって、答えは^❿☐ です。

テストを受けた回数が多いほど、平均点を上げることは大変になるよ。

答えは別冊018ページ

1 A組とB組で計算テストを行いました。A組は男子25人と女子15人、B組は男子30人と女子20人です。テストは100点満点で、60点未満は不合格です。このテストの結果について、次のⅰ～ⅲがわかっています。

　　ⅰ：A組の平均点は72点、B組の平均点は68点でした。
　　ⅱ：A組の男子の平均点は75点でした。
　　ⅲ：B組の不合格者は10人でした。

　このとき、推論ア～ウについて、正しいといえるものを示しているものを、次のA～Fの中から選びなさい。

　　ア：2クラス全体の平均点は70点である。
　　イ：A組の女子の平均点は67点である。
　　ウ：B組の合格者の平均点は70点である。

A　アだけ　　B　イだけ　　C　ウだけ
D　アとイ　　E　イとウ　　F　アとウ

推論（人口密度）

　通常1km²あたりの人口を人口密度といいます。平均の問題と同様に、いくつかの人口密度から全体の人口密度を求める場合は、**あらためて総人口と総面積を求めてから、全体の人口密度を計算し直します。**

ココがポイント！

人口密度（1km²あたりの人口）

人口密度＝人口÷面積

人口＝人口密度×面積

面積＝人口÷人口密度

> 人口と人口密度は必ずしも比例しません。たとえば、中国は人口の多い国ですが、国土面積も大きいため、人口密度は高くありません。

例題　下の表は、P、Q、Rの3つの町の人口密度を表したものです。Q町の面積とR町の面積は等しく、Q町とR町の面積の合計とP町の面積は等しいです。このとき、推論として確実に正しいといえるものを次の **A** ～ **C** の中から選びなさい。

- **A**　P町の人口は、Q町の人口の3倍より多い。
- **B**　R町の面積は、P町の面積より40km²小さい。
- **C**　3つの町全体の人口密度は、300人/km²より高い。

町	人口密度 （人/km²）
P	380
Q	200
R	180

⊙ 答えは別冊019ページ

　Q町の面積とR町の面積は等しいので、どちらの面積もS（km²）と置き、P町の面積は、Q町とR町の面積の合計と等しいので、(S＋S＝)2Sと置くと、3つの町の人口は、

❶ □×2S＝**❷**□S（人）……P町　　**❸**□×S＝**❹**□S（人）……Q町

❺□×S＝**❻**□S（人）……R町

> 人口が多くても、面積が大きければ人口密度は低くなるね。

ここで、選択肢 **A** ～ **C** を1つずつ検討します。

A……P町の人口はQ町の人口の **❼**□S÷**❽**□S＝**❾**□（倍）

B……R町はP町より面積が（**❿**□－**⓫**□＝）**⓬**□km²小さい。

　　Sの値がわからないので確実に正しいとはいえない

C……3つの町の人口密度は、「人口密度＝人口÷面積」より

（**❷**□S＋**❹**□S＋**❻**□S）÷（**⓭**□＋**⓮**□＋**⓯**□）＝**⓰**□（人/km²）

よって、答えは **⓱**□です。

1 右下の表はP、Q、Rの3つの市の人口と面積を表したものです。P市とR市の人口密度が等しいとき、推論ア、イについて、正しいといえるものを示しているものを、次の **A** ～ **F** の中から選びなさい。

ア：最も人口密度が低いのはQ市である。
イ：3つの市全体の人口密度は80人/km^{2}より低い。

市	人口(人)	面積(km^2)
P	96000	1000
Q	24000	800
R	120000	－

A アもイも正しい。
B アは正しいがイは誤り。
C アは誤りだがイは正しい。
D アもイも誤り。
E アは正しいがイはどちらともいえない。
F アもイもどちらともいえない。

LESSON 40 表やグラフの読み取り（必要な情報を見つけ出す）

　表やグラフなどで与えられた情報から設問に必要な情報を読み取り、その情報をもとに解答を導く問題です。必要な情報を読み取ったり処理したりするのに時間がかかり、苦手に感じる人も多いですが、設問によっては具体的な数値を求める必要のない問題もあります。**与えられた情報をそのまま用いるのではなく、概数（およその数）にするなどして、できるだけ計算の手間を省きましょう。**

ココがポイント！

表やグラフの意味を理解し、必要な情報を見きわめる

・「千部」「百人」等の単位が使われているときは、単位をもとに戻す。

　【例】　30千部→30×1000＝30000（部）　　　17百人→17×100＝1700（人）

・概数計算を利用する。

　【例】　38×22→40×20＝800　　　24756＋4136→25000＋4000＝29000

例題 　右のグラフは、ある地区の携帯電話の累計契約数とアンテナ施設数の関係を表したものです。アンテナ施設1局あたりの携帯電話の平均契約数は、2020年は2016年のおよそ何倍ですか。正しいものを次の **A** 〜 **D** の中から選びなさい。

A 5倍　　**B** 7倍　　**C** 10倍　　**D** 30倍

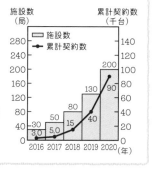

⊙ 答えは別冊019ページ

　アンテナ施設1局あたりの平均契約数は、累計契約数を施設数でわって求められるので、

2016年は、（ **❶**[　　] ×1000）÷ **❷**[　　] ＝ **❸**[　　]（台）

2020年は、（ **❹**[　　] ×1000）÷ **❺**[　　] ＝ **❻**[　　]（台）

グラフの累計契約数の単位に（千台）とあるので、たとえば、2018年の15は「15千台」、つまり（15×1000＝）15000台ということになるんだね。

　したがって、2020年の平均契約数は2016年の平均契約数の、

❼[　　] ÷ **❽**[　　] ＝ **❾**[　　]（倍）

　これは、およそ **❿**[　　]（倍）と考えられます。

　よって、答えは **⓫**[　　] です。

→ 答えは別冊019ページ

1 下の表は半年間の原油価格変動率とガソリン1Lあたりの価格の変動を表したものです。当月の原油価格変動率をもとに、次月のガソリンの価格が決まります。レギュラーガソリンとハイオクガソリンの両方の変動率が、もとにする原油価格変動率を上回った月は、何月と何月ですか。正しいものを次の A ～ D の中から選びなさい。

	1月	2月	3月	4月	5月	6月
レギュラーガソリン(円)	125	127	127	135	137	145
ハイオクガソリン(円)	135	137	139	149	152	160
原油価格変動率(前月比)	+1.0%	+0.5%	+6.5%	+1.2%	+5.5%	+2.1%

A 1月と4月　　B 2月と3月　　C 4月と5月　　D 2月と5月

LESSON 41 n進法

　私たちが普段使っている数は、0、1、2、3、4、5、6、7、8、9の10個の数字を用いて、10進法で表されます。10進法とは、各位の数が10まで増えると次の位に上がる数字の表し方です。同様に各位の数が2まで増えると次の位に上がる数字の表し方を2進法といい、0または1を用いて、101、1101などと表します。**一般に、nを位取りの基礎とする表記法をn進法といいます。**

ココがポイント！

(1)2進数1011を10進法で表す

① 2×各けたの数を書く。

② 右から0、1、2……と2に指数を書く。

③ 数値をたす。

	4けた	3けた	2けた	1けた
①	2×1	2×0	2×1	2×1
②	$2^3 \times 1$	$2^2 \times 0$	$2^1 \times 1$	$2^0 \times 1$

$$2^3 \times 1 + 2^2 \times 0 + 2^1 \times 1 + 2^0 \times 1$$
$$= \quad 11$$

(2)10進数29を2進法で表す

① 2でわり続ける。

```
2 ) 29   余り
2 ) 14 …1
2 )  7 …0
2 )  3 …1
     1 …1
```

② 商と余りを □ の形に並べる。　　11101

例題 10進法の150を3進法で表すといくつになりますか。正しいものを次の **A** ～ **D** の中から選びなさい。

A 2201　　**B** 10212　　**C** 12120　　**D** 12121　　⊙答えは別冊019ページ

150を3で割っていくと、次のようになります。

```
3 ) 150        余り
3 )[❶]…[❷]
3 )[❸]…[❹]
3 )[❺]…[❻]
3 )   [❼]…[❽]
```

150をくり返し3でわり、
商がわる数3より小さくな
るまで続けるよ。

⇒150を3進数で表すと、[❾]

3^4の位	3^3の位	3^2の位	3^1の位	3^0の位
[❿]	[⓫]	[⓬]	[⓭]	[⓮]

よって、答えは[⓯]　です。

→ 答えは別冊019ページ

1 10進法で表された数33を、2進法で表すといくつになりますか。正しいものを次の A 〜 D の中から選びなさい。

A 100001　B 101001　C 110001　D 111100

2 2進法で表された数11010を、10進法で表すといくつになりますか。正しいものを次の A 〜 E の中から選びなさい。

A 19　B 26　C 32　D 45　E 51

LESSON 42 数列（等差数列と等比数列）

数を並べた数列の問題です。**1番目の数に一定の数を次々にたして得られる数列を等差数列**といい、その一定の数を**公差**といいます。**1番目の数に一定の数を次々にかけて得られる数列を等比数列**といい、その一定の数を**公比**といいます。

ココがポイント！

(1)**1番目からn番目までの等差数列**

$$n番目の数＝1番目の数＋公差×(n－1)$$

$$数列の和＝\frac{(1番目の数＋n番目の数)×n}{2}$$

2、6、10、14、……
+4 +4 +4
公差

(2)**1番目からn番目までの等比数列**

$$n番目の数＝1番目の数×\underbrace{公比×公比×……}_{(n－1)個}$$

$$＝1番目の数×(公比)^{n－1}$$

2、6、18、54、……
×3 ×3 ×3
公比

例題 1、4、7、10、13、……と数が並んでいます。これについて、次の問いに答えなさい。

(1) 10番目の数はいくつですか。正しいものを次の**A**～**D**の中から選びなさい。

A 25　　**B** 28　　**C** 31　　**D** 34

(2) 1番目から10番目までの数をすべて加えると、和はいくつになりますか。正しいものを次の**A**～**D**の中から選びなさい。

A 100　　**B** 130　　**C** 145　　**D** 160　　⊙答えは別冊020ページ

(1) 1に、次々と[❶   ]を加えて作られている等差数列なので、10番目の数は、

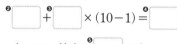

[❷   ]＋[❸   ]×(10－1)＝[❹   ]

よって、答えは[❺   ]です。

(2)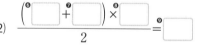

$$\frac{\left([❻   ]＋[❼   ]\right)×[❽   ]}{2}＝[❾   ]$$

よって、答えは[❿   ]です。

10番目の数ならひとつひとつ書き出したほうが速く解けるかもしれないね。本番では、問題を速く解ける方法が何かをつねに考えよう。

答えは別冊020ページ

1 1＋2＋3＋……＋19＋20と、1から20まで加えると、その和はいくつに
なりますか。正しいものを次の A〜E の中から選びなさい。

A 210　　B 420　　C 840　　D 1020　　E 1220

2 2、4、8、16、……と数が並んでいるとき、8番目の数はいくつですか。
正しいものを次の A〜E の中から選びなさい。

A 16　　B 54　　C 66　　D 128　　E 256

実践演習 ①

→答えは別冊020ページ

PART 1　非言語分野

1　1個60円のミカン、1個100円のリンゴ、1個150円のナシを合わせて20個買った ところ、合計金額は2000円になりました。ナシを4個買ったとすると、ミカンは何個買いましたか。正しいものを次の A〜F の中から選びなさい。

（制限時間：2分）

A　4個　　B　5個　　C　6個　　D　10個　　E　11個　　F　12個

2　現在、父の年齢は28歳、子の年齢は4歳です。父の年齢が子の年齢の4倍になるのは、何年後ですか。正しいものを次の A〜F の中から選びなさい。

（制限時間：1分）

A　3年後　　B　4年後　　C　5年後

D　6年後　　E　7年後　　F　8年後

3　たまごを1個50円で500個仕入れ、1個につき4割の利益を見込んで定価をつけました。何個かが割れていて売ることができませんでしたが、残りのたまごをすべて定価で売ったところ、5800円の利益になりました。割れていたたまごは何個ですか。正しいものを次の**A**～**F**の中から選びなさい。

（制限時間：2分）

A　45個　　　**B**　60個　　　**C**　80個

D　100個　　**E**　150個　　**F**　210個

4　ある美術館の入館料は1人2000円ですが，30人をこえる団体に対し，31人目から入館料が25％引になる団体割引を行っています。80人の団体が入館するとき，1つの団体として入館する場合と，40人ずつ2つの団体として入館する場合とでは，入館料の総額は何円違いますか。正しいものを次の**A**～**F**の中から選びなさい。

（制限時間：3分）

A　5000円　　　**B**　7500円　　　**C**　10000円

D　12500円　　**E**　15000円　　**F**　20000円

実践演習 ②

→ 答えは別冊021ページ

PART 1　非言語分野

1 表は、A駅を出発してB駅を通り、C駅にいたる電車
の時刻表です。これについて、次の問いに答えなさい。

（制限時間：3分）

A駅	10：13発
B駅	10：33着 10：35発
C駅	着

(1)　A駅とB駅の間は24km離れています。AB間を走る電車の平均の速さは時
速何kmですか。正しいものを次の **A** ～ **F** の中から選びなさい。

（制限時間：1分）

A　時速48km　　**B**　時速54km　　**C**　時速60km

D　時速72km　　**E**　時速84km　　**F**　時速96km

(2)　B駅を出発した電車は、AB間より速度を25％上げた速さでC駅へ向かい
ました。B駅からC駅までは54km離れています。電車がC駅に到着するの
は何時何分ですか。正しいものを次の **A** ～ **F** の中から選びなさい。

（制限時間：2分）

A　10：38　　**B**　10：41　　**C**　10：44

D　11：02　　**E**　11：11　　**F**　11：18

2 川にそって75km離れたＰ地点とＱ地点の間を、Ａ、Ｂ2そうの船が向かい合って同時に出発しました。Ａ船とＢ船の静水時の速さはどちらも時速15kmです。2そうの船が出会うのは、出発してから何時間後ですか。正しいものを次のＡ〜Ｆの中から選びなさい。

（制限時間：1分）

A 1.5時間　　B 2.5時間　　C 3.5時間

D 4.5時間　　E 5.5時間　　F 6.5時間

3 9％の食塩水400gが入っている容器を熱して水を蒸発させると、12％の濃さの食塩水になりました。何gの水を蒸発させましたか。正しいものを次のＡ〜Ｆの中から選びなさい。

（制限時間：2分）

A 50g　　B 75g　　C 90g　　D 100g　　E 110g　　F 120g

実践演習③

➔答えは別冊022ページ

PART 1 　非言語分野

1　Pが1人ですると30日かかり、Qが1人ですると18日かかる仕事があります。この仕事を2人で一緒に始めましたが、途中でQが何日か休んだため、2人で仕事を始めてから15日で終わりました。Qは何日休みましたか。正しいものを次のA〜Fの中から選びなさい。

（制限時間：2分）

A　4日　　B　5日　　C　6日　　D　7日　　E　8日　　F　9日

2　0、1、2、3、4、5の数字が書かれたカードが1枚ずつあります。この6枚のカードから3枚を選んで3けたの整数を作るとき、百の位が十の位より大きく、十の位が一の位より大きい数は何個できますか。正しいものを次のA〜Fの中から選びなさい。

（制限時間：2分）

A　15個　　B　20個　　C　24個　　D　36個　　E　40個　　F　50個

3 男子3人、女子3人が1列に並びます。男女が交互に並ぶ並び方は何通りあり
   ますか。正しいものを次のA～Fの中から選びなさい。
   （制限時間：2分）
   A 24通り   B 36通り   C 48通り
   D 60通り   E 72通り   F 120通り

4 8人の生徒A、B、C、D、E、F、G、Hの中から、くじ引きで3人の掃
   除当番を選びます。当番の中にAが含まれる確率はどれだけですか。正しいも
   のを次のA～Fの中から選びなさい。
   （制限時間：2分）
   A $\dfrac{1}{8}$ B $\dfrac{1}{4}$ C $\dfrac{9}{28}$ D $\dfrac{3}{8}$ E $\dfrac{1}{2}$ F $\dfrac{15}{28}$

実践演習 ④

→答えは別冊022ページ

PART 1　非言語分野

1　50人の生徒に、海と山の好き、嫌いについて調べたところ、海が好きな人は32人、山が好きな人は34人でした。また、海も山も好きな人の数は、海も山も嫌いな人の数の3倍でした。山が好きで海が嫌いな人は何人ですか。正しいものを次のA〜Fの中から選びなさい。

（制限時間：3分）

A 5人　　**B** 7人　　**C** 10人　　**D** 14人　　**E** 18人　　**F** 27人

2　右の表は、ある遊園地の月ごとの総売上と入場者数の変動を表したものです。総売上と入場者数の数値は、どちらも1月を100としたときの指数として表しています。1人あたりの平均売上が最も高い月は何月ですか。正しいものを次のA〜Fの中から選びなさい。

	総売上	入場者数
1月	100	100
2月	117	105
3月	95	93
4月	108	102
5月	131	120
6月	101	92

（制限時間：3分）

A 1月　　**B** 2月　　**C** 3月　　**D** 4月　　**E** 5月　　**F** 6月

3 ある資格講座に何人かの学生が参加しました。参加した学生について、次の
X、Y、Zのような3つの発言がありました。

（制限時間：3分）

　　X：A校の学生が2人とB校の学生が3人参加しています。

　　Y：A校の学生とB校の学生が参加しています。

　　Z：少なくとも2校の学生が参加しています。

　この3つの発言は、すべて正しいとはかぎりません。このとき、推論ア～ウ
について、正しいといえるものを示しているものを、次の**A**～**H**の中から選び
なさい。

　　ア：Xが正しければYも必ず正しい。

　　イ：Yが正しければZも必ず正しい。

　　ウ：Zが正しければXも必ず正しい。

A　アだけ　　　**B**　イだけ　　　**C**　ウだけ　　　**D**　アとイ　　　**E**　イとウ
F　アとウ　　　**G**　アとイとウのすべて　　　**H**　**A**～**G**のいずれでもない

実践演習 ⑤

→答えは別冊023ページ

PART 1　非言語分野

1　P、Q、Rの3クラスで10点満点のテストを行ったところ、各クラスの平均点は右の表のようになりました。Qクラスの人数はPクラスの人数の半分、Rクラスの人数はPクラスの人数の1.5倍です。

Pクラス	6.5点
Qクラス	9.0点
Rクラス	5.5点

（制限時間：3分）

　このとき、推論ア～ウについて、正しいといえるものを次の**A～H**の中から選びなさい。

　　ア：Pクラスの平均点は3クラス全体の平均点より高い。
　　イ：QクラスとRクラスの2クラスの平均点はPクラスの平均点より高い。
　　ウ：Rクラスの合計点は3クラスの中で最も高い。

A　アだけ　　　**B**　イだけ　　　**C**　ウだけ　　　**D**　アとイ　　　**E**　イとウ
F　アとウ　　　**G**　アとイとウのすべて　　　**H**　**A**～**G**のいずれでもない

2　10進法で表された数73を、2進法で表すといくつになりますか。正しいもの
を次の**A**〜**F**の中から選びなさい。

（制限時間：1分）

A　1000011　　**B**　1001001　　**C**　1001101

D　1001111　　**E**　1011001　　**F**　1111000

3　$\frac{1}{2}$、$\frac{2}{4}$、$\frac{3}{6}$、$\frac{1}{8}$、$\frac{2}{10}$、$\frac{3}{12}$、$\frac{1}{14}$、……と数が並んでいるとき、49番目の数

はいくつですか。正しいものを次の**A**〜**F**の中から選びなさい。

（制限時間：2分）

A　$\frac{1}{32}$　　**B**　$\frac{1}{49}$　　**C**　$\frac{1}{98}$　　**D**　$\frac{3}{98}$　　**E**　$\frac{1}{100}$　　**F**　$\frac{7}{100}$

非言語分野の時短テクニック

　本書の各LESSONでは、問題の基本的な考え方を理解するために、代表的な解き方を紹介してきました。しかし、SPIでは、多くの問題を短時間で解かなければなりません。ここでは、非言語分野の問題を素早く解くための時短テクニックをいくつか紹介します。

▶つるかめ算

　LESSON15（速さ）の「ココがポイント！」で、公式を「面積図」に当てはめる覚え方を紹介しました。つるかめ算でも、この面積図をそのまま利用して問題を解くことができます。

　面積図は、下のように、縦が①にあたる量（1個あたりの値段、1匹あたりの足の本数など）、横が個数（リンゴの個数、かめの数など）、面積が数量の合計（値段の合計、足の本数の合計など）を表します。

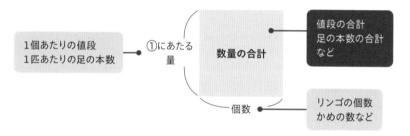

　P.040の例題を、面積図で解いてみましょう。つるとかめの2種類の数を考えるので面積図は2つかきます。与えられた条件を整理すると、右のようになります。

　図の左の四角形の面積がつるの足の本数の合計、右の四角形の面積がかめの足の本数の合計を表しますが、問題文では26本（2つの面積の合計）しか与えられていません。このとき、2つの四角形

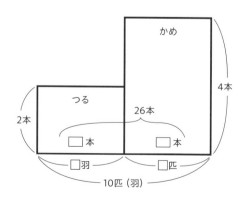

を大きな四角形で囲むと、この大
きな四角形の面積は、

4×10＝40（本）

したがって、面積の差（右の図
の黄色の部分の面積）は、

40−26＝14（本）

黄色の部分の縦の長さは、

4−2＝2（本）

よって、黄色の部分の横の長さは、

14÷2＝7（羽）

と求められます。これがつるの数
にあたります。

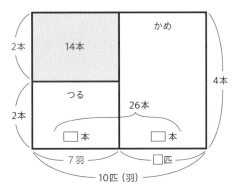

速さの面積図もつるかめ算の
面積図も、縦の長さが表して
いるのは「単位量あたりの大
きさ」だよ。

▶濃さ

濃さの問題は、下のような「てんびん図」に整理して解くこともできます。
食塩水の濃さを表す数直線をてんびんのうでに見立て、その両端にそれぞれ
の水溶液と同じ重さのおもりをつるし、てんびんがつり合う支点の位置を考
えていきます。

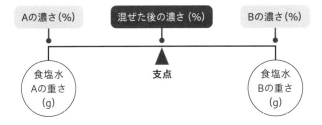

P.064の例題を、てんびん図で解いてみ
ましょう。まず、与えられた条件を整理す
ると、右のようなてんびん図になります。
このとき、右側のおもりが重くなっている
ので、2つのおもりをつり合わせるために
は、支点を右寄りにする必要があります。

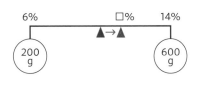

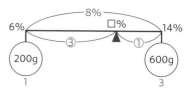

Column　非言語分野の時短テクニック

　てんびんがつり合うとき、重さの比はてんびんのうでの長さの逆比になるので、重さの比が $200:600=1:3$ なら、うでの長さの比は、③：①になります。

　図より、（ $3+1=$ ）④は（ $14-6=$ ）8% にあたるので、①にあたる量は、

$$8\div4=2（\%）$$

　よって、支点の位置（混ぜた後の濃さ）は、

$$14-2=12（\%）$$

と求められます。

濃さや食塩水の重さなど、問題によって問われる箇所が変わっても、与えられた条件をてんびん図に整理して解くことができるよ。

▶n進法

　n進法で表されたmけたの数を10進法で表す場合、LESSON41では、位ごとに n^{m-1}、n^{m-2}、n^{m-3}、……をかける方法を紹介しました。たとえば、3進法で表された1212を10進法で表す場合は、

$$3^3\times1+3^2\times2+3^1\times1+3^0\times2=50\quad ※3^0=1$$

と求められます。この求め方の他に、数字の間に「 $\times n+$ 」を当てはめて解く方法もあります。3進法で表された1212をこの方法で求める場合は、数字の間に「 $\times3+$ 」を当てはめて、

$$1\times3+2\times3+1\times3+2=50$$

と求められます。このとき心がけることは、四則計算のルールを無視して左から順に計算する、ということです。四則の混じった式は、先に乗法、除法（×、÷）を計算し、その後、加法、減法（＋、－）を計算するというルールがありましたが、ここではそのルールを無視して左から順に計算します。上の式の場合、

$$1\times3=3$$
$$\rightarrow3+2=5$$
$$\rightarrow5\times3=15$$
$$\rightarrow15+1=16$$
$$\rightarrow16\times3=48$$
$$\rightarrow48+2=50$$

この計算方法だと、けた数を意識して式を作る必要がなくなり、機械的に「 $\times n+$ 」を当てはめて解いていくことができるんだ。

という順序で解いていきます。

言語分野

PART2 では言語分野について学習します。
言語分野は主に国語の問題が出題されます。
「二語関係」や「語句の用法」、「並べかえ」など
出題の分野が決まっています。
分野に合わせて効果的に対策しましょう。

語句の意味（意味を選ぶ）

語句の意味を選ぶ問題では、二字熟語や動詞、形容詞、副詞などの意味を問われます。漢字から、ある程度意味を類推できるので、漢字が表す意味や、語句の使われ方をふまえて、選択肢をひとつひとつ確認していきます。

ココがポイント！

二字熟語は分解して意味を推測

【例】 比肩 → 肩を比べる

→ 肩を同列に並べることができる

→ 意味「同じ程度であること」

動詞、形容詞、副詞などは使われ方から意味を推測

【例】 おざなり → おざなりな返事をする

→ よく考えずその場だけの返事をする様子

→ 意味「いいかげんにすませる」

例題　次の語句の意味を示すものとして、最も適切なものを次の A ～ D の中から選びなさい。

【偶発】

A 同じことをくり返すこと　　**B** 物事がたまたま起こること

C 不意に出会うこと　　**D** 思いがけないときに起こること

⊙ 答えは別冊024ページ

「偶」は「偶然」などと使われ、「たまたま」という意味を表します。「発」は「発生」などと使われ、「起こる」という意味を表します。

A 同じことをくり返すこと▶「たまたま」の意味も「起こる」の意味も含まれていません。これは「反復」という語句の意味になります。

B 物事がたまたま起こること▶「たまたま」と「起こる」の両方の意味を含んでいます。「偶発的な事故」などと使われます。

C 不意に出会うこと▶「起こる」の意味が含まれていません。これは「遭遇」という語句の意味になります。

D 思いがけないときに起こること▶「たまたま」の意味が含まれていません。これは「突発」という語句の意味になります。

よって、A ～ D のうち、最も適切なものは、□□□□です。

→ 答えは別冊024ページ

1 次の語句の意味を示すものとして、最も適切なものを次の A 〜 D の中から選びなさい。

(1) 【赦免】
  A　職務を辞めさせること　　B　提案や申し入れを受け入れること
  C　拘束を解いて自由にすること　　D　罪や過ちを許すこと

_____

(2) 【繁茂】
  A　仕事が多くて非常に忙しいこと　　B　豊かで栄えていること
  C　盛んに生いしげっていること　　D　人が多くにぎわっていること

_____

(3) 【緩慢】
  A　ゆったりとしてのろいさま　　B　なまけてだらしないさま
  C　普通でありふれているさま　　D　平和でおだやかなさま

_____

意味から語句を選ぶ問題では、選択肢に使われている漢字の意味や使われ方を確かめて、設問の意味を含んでいるものを探します。

ココ**がポイント！**

選択肢の漢字の意味を考える

【例】　はっきりとしていて目立つこと

A　明瞭：明らか、一目瞭然の「瞭」

B　優越：優れる、越える

C　奇抜：奇妙の「奇」、抜きん出る

D　顕著：顕れる、著しい

⇒「はっきり」、「目立つ」という意味を含むものはD

選択肢の語句について、それぞれの漢字の読みや意味、使われ方を考え、問いの意味を含んでいるかどうか確かめる。

例題　次の意味を示す語句として、最も適切なものを次の **A** ～ **D** の中から選びなさい。

【自分の意見や考えにこだわり、譲らないこと】

A 粘着　　**B** 困惑　　**C** 固執　　**D** 徹底　　⊙答えは別冊024ページ

　選択肢の熟語に注目し、それぞれの漢字の読みや意味、他にどのように使われているかを確認して、例文中の「こだわる」「譲らない」の両方の意味を含むものを探します。

A　粘着▶「粘」は「ねばる」と読み、「粘土」などと使われます。「着」は「つく」と読み、「執着」などと使われます。「譲らない」という意味を含みません。

B　困惑▶「困」は「こまる」と読み、「困難」「貧困」などと使われます。「惑」は「まどう」と読み、「誘惑」「疑惑」などと使われます。「こだわる」「譲らない」の意味を含みません。

C　固執▶「固」は「かたい」と読み、「頑固」などと使われます。「執」は「とる」と読み、「執着」「執念」などと使われます。「こだわる」「譲らない」の両方の意味を含みます。

D　徹底▶「徹」は「てっする」と読み、「徹夜」「冷徹」などと使われます。「底」は「そこ」と読み、「根底」「基底」などと使われます。「こだわる」の意味を含みません。

　よって、 **A** ～ **D** のうち、最も適切なものは、□□です。

⊙答えは別冊024ページ

1 次の意味を示す語句として、最も適切なものを次の **A**〜**D** の中から選びなさい。

(1)【広くゆきわたるように配ること】
  A 配給　　**B** 普遍　　**C** 拡散　　**D** 頒布

_____

(2)【必要以上に気にかけてこだわること】
  A 執念　　**B** 拘泥　　**C** 頓着　　**D** 煩瑣

_____

(3)【励まして気持ちを奮い立たせること】
  A 援護　　**B** 勧奨　　**C** 鼓舞　　**D** 叱責

_____

熟語の成り立ち（訓読みを用いて考える）

　二字熟語の成り立ちは、主に下の５つに分類されます。漢字の読みや意味を確かめて、前の漢字と後の漢字にどのようなつながりがあるかを考えましょう。ここでは、まず「(1)似た意味」と「(2)反対の意味」を扱います。この２種類の熟語は、漢字を訓読みすることで熟語の意味が捉えやすくなります。

ココがポイント！

５つの成り立ちのうちどれに当てはまるかを確認する

(1)似た意味の字が並んでいる	【例】 減少：「減る」と「少ない」は似た意味
(2)反対の意味の字が並んでいる	【例】 寒暖：「寒い」と「暖かい」は反対の意味
(3)主語と述語の関係になっている	【例】 国立：国が立てる
(4)前の字が後の字を修飾している	【例】 再会：再び会う／騒音：騒がしい音
(5)動詞の後に目的語が置かれている	【例】 加熱：熱を加える／潜水：水に潜る

> **例題** 次にあげる熟語の成り立ちについて、正しいものをそれぞれ次の **A** ～ **D** の中から選びなさい。
>
> (1) 【送迎】　　　　　　　　　　(2) 【窮乏】
>
> 　**A**　似た意味の字が並んでいる　　　**B**　反対の意味の字が並んでいる
>
> 　**C**　前の字が後の字を修飾している　**D**　動詞の後に目的語が置かれている
>
> ⊙ 答えは別冊025ページ

　まず、漢字の読みや意味を比べて、似た意味、反対の意味であるかを確認します。次に、漢字に助詞や送りがなをつけて読み、どの成り立ちに合致するかを判断します。

(1) 　訓読みにすると「送」は「送る」、「迎」は「迎える」と読み、「送る」と「迎える」は反対の意味を表します。よって、**A** ～ **D** のうち、「送迎」の成り立ちとして正しいものは、□□□ です。

(2) 　「窮」は「窮する」と読む動詞で、「不足して困る」という意味を表します。「乏」は「乏しい」と読む形容詞で、「足りない」という意味を表します。よって、似た意味を表すので、**A** ～ **D** のうち、正しいものは、□□□ です。

> 前と後の漢字の読みや意味を比較したり、漢字に助詞（～が、～に、～を等）や送りがなをつけて読んだりしながら、５つの成り立ちのうちどれに当てはまるかを確認するよ。

⊘答えは別冊025ページ

1 次にあげる熟語の成り立ちについて、正しいものをそれぞれ次の **A** 〜 **D** の中から選びなさい。

(1) 【地震】

 A 似た意味の字が並んでいる

 B 動詞の後に目的語が置かれている

 C 主語と述語の関係になっている

 D 反対の意味の字が並んでいる

_____

(2) 【頻発】

 A 似た意味の字が並んでいる

 B 反対の意味の字が並んでいる

 C 主語と述語の関係になっている

 D 前の字が後の字を修飾している

_____

(3) 【譴責】

 A 似た意味の字が並んでいる

 B 反対の意味の字が並んでいる

 C 前の字が後の字を修飾している

 D 動詞の後に目的語が置かれている

_____

LESSON 46　熟語の成り立ち（短文に直して考える）

LESSON45で説明した熟語の「5つの成り立ち」のうち、特に「(3)主語と述語」、「(4)修飾」、「(5)動詞と目的語」の3つは、熟語を短文に直すことによって関係が見分けやすくなります。まずは、漢字の読みや意味、品詞を確かめたうえで、前の字から読んだり、後の字から読んだりして、二字のつながりを確認しましょう。

ココがポイント！

前や後から読んで意味が通る文を作る

(3)「Aが（Aは）、Bする」⇒**主語と述語の関係になっている**

【例】　県営：県が営む／人造：人が造る

(4)前の字→後の字の順⇒**前の字が後の字を修飾している**

【例】　激増：激しく増える／厳禁：厳しく禁じる

(5)後の字→前の字の順⇒**動詞の後に目的語が置かれている**

【例】　握手：手を握る／耐熱：熱に耐える

(3)も、前の字→後の字の順で読むが、(3)では、一文字目が必ず主語のはたらきをする。

例題　次にあげる熟語の成り立ちについて、正しいものをそれぞれ次の **A** ～ **D** の中から選びなさい。

(1)　【甘受】　　　　　(2)　【日没】　　　　　(3)　【除湿】

A　似た意味の字が並んでいる　　　**B**　動詞の後に目的語が置かれている

C　前の字が後の字を修飾している

D　**A**～**C**のどれにも当てはまらない　　　⊜答えは別冊025ページ

(1)　「甘」と「受」に送りがなをつけて、「前の字→後の字」の順で「甘んじて受ける」と読めます。よって、**A**～**D**のうち、正しいものは、□□□です。

(2)　「日」は名詞です。「没」は「没する」と読み、動詞になります。「日が没する」と読めるので、「主語と述語」の関係です。よって、**A**～**D**のうち、正しいものは、□□□です。

(3)　「除」は「除く」と読み、動詞になります。「湿」は「湿気」「湿度」などと使われます。前の字が動詞で、「後の字→前の字」の順で「湿（気）を除く」と読めます。よって、**A**～**D**のうち、正しいものは、□□□です。

まず、前の漢字、後の漢字のどちらかが動詞になるかどうかを確かめてみよう。

⊙答えは別冊025ページ

1 次にあげる熟語の成り立ちについて、正しいものをそれぞれ次の A 〜 D の中から選びなさい。

(1) 【覆面】

A 主語と述語の関係になっている

B 動詞の後に目的語が置かれている

C 前の字が後の字を修飾している

D 似た意味の字が並んでいる

———————————

(2) 【寡聞】

A 似た意味の字が並んでいる

B 動詞の後に目的語が置かれている

C 主語と述語の関係になっている

D 前の字が後の字を修飾している

———————————

(3) 【官製】

A 主語と述語の関係になっている

B 前の字が後の字を修飾している

C 反対の意味の字が並んでいる

D 似た意味の字が並んでいる

———————————

同音異義語・同訓異字

　同じ読みの語が複数の意味を持つ同音異義語・同訓異字の問題では、下線部の語句を漢字に直して、それぞれの意味の違いを確認していきます。ただし、同じ漢字でも意味が異なる場合もあるので注意が必要です。

ココがポイント！

下線部を漢字に直し、その意味を確認する

【例】 おかす

危険を<u>おかす</u>。　　→　冒す：困難を覚悟であえてやる。「冒険」

罪を<u>おかす</u>。　　　→　犯す：法律に反した行為をする。「犯行」

人権を<u>おかす</u>。　　→　侵す：他者の権利を損なう。「侵害」

国境を<u>おかす</u>。　　→　侵す：他人の土地に不法に入る。「侵入」

※発音が同じでも漢字や意味が異なる場合があることに注意する。

例題 下線部の語句と同じ意味のものを、次の **A** ～ **D** の中から選びなさい。

【政治家として<u>いしょく</u>の存在だ。】

　A 企業に調査を<u>いしょく</u>する。　　**B** 樹木を公園に<u>いしょく</u>する。

　C <u>いしょく</u>の経歴を持つ。　　　　**D** <u>いしょく</u>にお金をかける。

答えは別冊025ページ

　漢字に直すと「**異色**」で、「**他のものとは違っていること**」という意味を表します。下線部の前後の言葉や、文中での使われ方に注目して、同じ意味のものを探します。

A 企業に調査を<u>いしょく</u>する。▶漢字に直すと「**委嘱**」で、「**特定の仕事を他に任せること**」という意味を表します。

B 樹木を公園に<u>いしょく</u>する。▶漢字に直すと「**移植**」で、「**草木を他の土に移し植えること**」という意味を表します。

C <u>いしょく</u>の経歴を持つ。▶漢字に直すと「**異色**」で、後に続く「経歴」を修飾して、他の人とは違う変わった経歴を持っていることを表しています。

D <u>いしょく</u>にお金をかける。▶漢字に直すと「**衣食**」で、「**着るものと食べるもの**」という意味を表します。

　よって、**A** ～ **D** のうち、同じ意味のものは、□ です。

同音異義語・同訓異字は、漢字と意味をセットで覚えよう。

答えは別冊025ページ

1 下線部の語句と同じ意味のものを、それぞれ次の A 〜 D の中から選びなさい。

(1) 技術の<u>けいしょう</u>を図る。
- A 父から事業を<u>けいしょう</u>する。
- B <u>けいしょう</u>をつけて相手を呼ぶ。
- C <u>けいしょう</u>の地を訪ねる。
- D 環境問題に<u>けいしょう</u>を鳴らす。

_____

(2) 新しい<u>かた</u>の家電を買う。
- A <u>かた</u>の荷が下りる。
- B 仕事に<u>かた</u>がつく。
- C 漢字の読み<u>かた</u>を調べる。
- D 洋服の<u>かた</u>がくずれる。

_____

(3) 大きな看板を<u>かける</u>。
- A 子馬が野原を<u>かける</u>。
- B 川に新しい橋を<u>かける</u>。
- C チームの人数が<u>かける</u>。
- D 肩に水筒を<u>かける</u>。

_____

　ひとつの言葉で複数の意味を持つ言葉を多義語といいます。多義語で同じ意味のものを選ぶ問題では、下線部の語句を同じ意味の別の言葉に言いかえて、それぞれの意味の違いを確認していきます。

ココがポイント！

同じ意味の言葉に言いかえて、その言葉が表す意味を確認する

【例】　立てる

音を立てる	→	音を「発する」
計画を立てる	→	計画を「つくり上げる」
柱を立てる	→	柱を「まっすぐに据えつける」
うわさを立てる	→	うわさを「広める」

例題 下線部の語句と同じ意味のものを、次の A 〜 D の中から選びなさい。

【手の込んだ細工を施す。】

A 火の手が上がる。　　　B 幼い子に手がかかる。

C 庭の雑草を手でぬく。　　D 医師の手が足りない。

⊙ 答えは別冊026ページ

　「手の込んだ細工を施す。」の「手」は「**手間**」と言いかえることができます。選択肢の下線部を「手間」に言いかえ、文の意味が通るものを探します。

A 火の手が上がる。▶「火の手が上がる」の「手」は、「手間」ではなく、「**勢い**」と言いかえることができます。

B 幼い子に手がかかる。▶「手がかかる」の「手」は、「**手間**」と言いかえることができ、「幼い子に手間がかかる」と表現できます。

C 庭の雑草を手でぬく。▶「手でぬく」の「手」は、「手間」ではなく、**人体の手**を表します。

D 医師の手が足りない。▶「手が足りない」の「手」は、「手間」ではなく、「**人手、労働力**」と言いかえることができます。

　よって、A 〜 D のうち、同じ意味のものは、□ です。

多義語の問題では、「立てる」や、「気」のように、日常生活でよく使われる簡易な語句が出題されるよ。

答えは別冊026ページ

1 下線部の語句と同じ意味のものを、それぞれ次の **A** ～ **D** の中から選びなさい。

(1) 【休日なので気が楽だ。】

   A 弟は気が強い性格だ。   **B** 心配事のせいで気が重い。

   C 試合前に気を静める。   **D** 神社に静寂な気が漂う。

_____

(2) 【友人との会話がはずむ。】

   A ボールが予想以上にはずむ。   **B** 気前よくお金をはずむ。

   C 走ったので息がはずむ。   **D** 新年を迎えて心がはずむ。

_____

(3) 【包丁の切れ味が甘い。】

   A 子どもへのしつけが甘い。   **B** いちごが熟して甘い。

   C 甘い言葉でささやく。   **D** ねじが少し甘い。

_____

PART **2** 語句の用法（多義語）

語句の用法（助詞・助動詞①）

助詞・助動詞について同じ意味のものを選ぶ問題では、まず、下線部の語句を具体的な言葉に言いかえることができるかどうかを確認します。

ココがポイント！

下線部の語句を具体的な言葉に言いかえて、意味の違いを捉える

【例】 つつ

笑い<u>つつ</u>話す　　　　→　笑い<u>ながら</u>話す

知ってい<u>つつ</u>教えない　→　知っている<u>にもかかわらず</u>教えない

【例】 そうだ

桜の花がもうすぐ咲き<u>そうだ</u>　→　桜の花が咲く<u>ように見える</u>

桜の花がもうすぐ咲く<u>そうだ</u>　→　桜の花が咲く<u>と聞いた</u>

例題 下線部の語句と同じ用法のものを、次の **A ～ D** の中から選びなさい。

【専門家で<u>さえ</u>解けない問題だ。】

A 寒いと思ったら雪<u>さえ</u>降ってきた。　　**B** 道具<u>さえ</u>あれば自分で作れる。

C 動物で<u>さえ</u>親子の愛情がある。　　**D** ご飯<u>さえ</u>食べられれば十分だ。

⟩ 答えは別冊026ページ

「専門家で<u>さえ</u>解けない問題だ。」は「**たとえ**専門家**でも**解けない問題だ。」と言いかえることができます。「専門家」という例で、「まして専門家でない人なら解けなくて当然だ」と類推させ、その「問題」が非常に難しいことを表します。

A 寒いと思ったら雪<u>さえ</u>降ってきた。▶「寒いと思ったら**そのうえ**雪**まで**降ってきた。」と言いかえることができます。文の前半で述べたことに加えて、後半で述べたことがさらに起こっていることを表します。

B 道具<u>さえ</u>あれば自分で作れる。▶「～さえ…ば」の形で用いられ、「道具**だけ**あれば自分で作れる。」と言いかえることができます。

C 動物で<u>さえ</u>親子の愛情がある。▶「**たとえ**動物**でも**親子の愛情がある。」と言いかえることができます。「動物」という例をあげることで、「まして人間であれば愛情があるのが当然だ」と類推させます。

D ご飯<u>さえ</u>食べられれば十分だ。▶「～さえ…ば」の形で用いられ、「ご飯**だけ**あれば十分だ。」と言いかえることができます。

よって、**A ～ D** のうち、同じ用法のものは、　　です。

答えは別冊026ページ

1 下線部の語句と同じ用法のものを、それぞれ次の A 〜 D の中から選びなさい。

(1) 【買った<u>ばかり</u>の服を着る。】
- A 一週間<u>ばかり</u>旅行した。
- B 家に着いた<u>ばかり</u>だ。
- C 休日はゲーム<u>ばかり</u>している。
- D あせった<u>ばかり</u>に失敗した。

_____

(2) 【風邪で熱がある<u>ような</u>感じがする。】
- A 絵画に描いた<u>ような</u>風景だ。
- B 室内が夜の<u>ような</u>暗さになる。
- C エジソンの<u>ような</u>発明家になりたい。
- D 疲れた<u>ような</u>顔をしている。

_____

助詞・助動詞で、下線部の語句を具体的な言葉に言いかえられない場合は、下線部の前後のつながりに注目して、文全体の中での意味やはたらきを検討します。

ココがポイント！

前後のつながりに注目して、意味やはたらきを検討する

【例】　から

空港からバスで移動する	→	起点となる場所
九時から十時まで会議だ	→	起点となる時間
大豆から豆腐を作る	→	原材料
失敗から自信を失う	→	原因・理由

例題　下線部の語句と同じ用法のものを、次の **A 〜 D** の中から選びなさい。
【事故の影響で渋滞する。】

A　会議の準備で忙しい。　　　　**B**　会議で多数決をとる。

C　電話で会議の日時を伝える。　**D**　一日で会議の資料を作成する。

⊙ 答えは別冊027ページ

格助詞「で」の用法に関する問題です。具体的な言葉に言いかえることができないので、ここでは、下線部の前後のつながりに注目し、文全体の中での意味やはたらきを検討します。「事故の影響で」は「渋滞する」ことの理由を表すので、選択肢の中から、**原因や理由を表すもの**を探します。

A　会議の準備で忙しい。▶「会議の準備」のために「忙しい」状態になっています。**原因や理由**を表します。

B　会議で多数決をとる。▶「会議」という場で「多数決」をとっています。**場所や空間**を表します。

C　電話で会議の日時を伝える。▶「電話」という手段で「会議の日時」を伝えています。**手段や方法**を表します。

D　一日で会議の資料を作成する。▶「一日」という日数で「会議の資料を作成」しています。**数量**を表します。

よって、**A 〜 D** のうち、同じ用法のものは、　　　です。

助詞や助動詞はさまざまな語に
接続して、意味を付け加えるは
たらきをしているよ。

答えは別冊027ページ

1 下線部の語句と同じ用法のものを、それぞれ次の A 〜 D の中から選びな
さい。

(1) 【画面の大きいテレビを買う。】

A 荷物が届いたのを伝える。　　B 小説の翻訳に挑戦する。

C 朝早いのに物音が聞こえる。　D 映画の始まる時間を調べる。

(2) 【努力したことをほめられる。】

A 校長先生が教室に来られる。　B 秋の気配がふと感じられる。

C 山腹に城が建てられる。　　D 百キロの重さに耐えられる。

二語関係（同義語・対義語の見分け方）

二語関係は8つに分類されます。意味を比較したり、関係を表した文に言葉を当てはめたりして、関係を確認します。ここでは、同義語と対義語を扱います。

ココがポイント！

一方の言葉をA、もう一方の言葉をBに当てはめて、文が成立するか確かめる

関係	説明	具体例
同義語	AとBは同じ意味、似た意味の言葉	真似：模倣
対義語	AとBは反対の意味、対になる言葉	抑制：促進
包含	Aは Bの一種（一部分）である（A⊂B） Aの一種（一部分）にBがある（A⊃B）	令和：元号 惑星：金星
仲間	AとBは○○（というグループ）に属す	青：黒
役割	Aの役割はBである	俳優：演技
用途	Aを使ってB（を）する	はさみ：切る
原材料	Aを使ってBを作る（原材料A→製品B） AはBから作られる（製品A←原材料B）	小麦：パン 日本酒：米
一対	AとBは一緒に使う	針：糸

例題 次にあげた二語の関係と同じになるように、[　　]に入る言葉を、次のA～Dの中から選びなさい。

【謙虚：尊大】

建設：[　　]

- A 模倣
- B 破壊
- C 紛失
- D 廃棄

→ 答えは別冊027ページ

「謙虚」は「素直で控えめなこと」、「尊大」は「威張ってえらそうにすること」という意味なので、二語の関係は「**対義語**」です。「建設」は「家屋などを新たにつくり上げること」という意味なので、「つくる」と反対の意味を持つ言葉を探します。

- A　模倣▶「他の物をまねること」という意味。
- B　破壊▶「物を壊すこと・壊れること」という意味。
- C　紛失▶「物をなくすこと」という意味。
- D　廃棄▶「不要になった物を捨てること」という意味。

よって、A～Dのうち、「建設」と対義語の関係になる言葉は、[　　]です。

⊙答えは別冊027ページ

1 次にあげた二語の関係と同じになるように、[   ]に入る言葉を、それぞれ次の Ａ ～ Ｄ の中から選びなさい。

(1) 【ステークホルダー：利害関係者】

通暁：[   ]

- Ａ 熟知
- Ｂ 有明
- Ｃ 新鋭
- Ｄ 昇華

(2) 【廉価：高価】

過疎：[   ]

- Ａ 過激
- Ｂ 過失
- Ｃ 過密
- Ｄ 過剰

LESSON 52 二語関係(包含・仲間の見分け方)

　ここでは、二語関係のうち、「包含」と「仲間」の見分け方を練習します。二語を使って文を作り、一方がもう一方に属す包含の関係であるか、または、二つが同等の立場にある仲間の関係であるかを確認します。

ココがポイント！

包含

AはBの一種(一部分)である
Aの一種(一部分)にBがある

【例】　走る：動作　→　「走るは動作の一種である」
　　　　時計：針　→　「時計の一部分に針がある」

仲間

○○(というグループ)に属す

【例】　稲：麦　→　「稲と麦は穀物に属す」

包含と仲間

包含…一方がもう一方に属す
【例】　季節：春／秋：季節
仲間…同等の立場にある
【例】　春：秋

例題　次にあげた二語の関係と同じになるように、[　　]に入る言葉を、次のＡ～Ｄの中から選びなさい。

【おはよう：挨拶】

ハンバーグ：[　　　]
- Ａ　ナイフ
- Ｂ　レストラン
- Ｃ　オムライス
- Ｄ　洋食

⇒答えは別冊027ページ

　「おはようは挨拶の一種である」といえるので、二語の関係は「**包含**」です。「ハンバーグは○○の一種である」という文を作れる言葉を探します。

Ａ　ナイフ▶「ハンバーグ」と「ナイフ」を使って包含を表す文は作れません。

Ｂ　レストラン▶「ハンバーグ」と「レストラン」を使って包含を表す文は作れません。

Ｃ　オムライス▶「ハンバーグとオムライスは洋食に属す」ということができ、「ハンバーグ」と「オムライス」は同等の立場にあるので、仲間の関係です。

Ｄ　洋食▶「ハンバーグは洋食の一種である」ということができ、「ハンバーグ」は「洋食」に含まれるので、包含の関係です。

　よって、Ａ～Ｄのうち、「ハンバーグ」と包含の関係になる言葉は、[　　]です。

⊙答えは別冊027ページ

1 次にあげた二語の関係と同じになるように、[　　]に入る言葉を、それぞれ次の A ～ D の中から選びなさい。

(1) 【師走：弥生】

ドル：[　　]

- **A** アメリカ
- **B** 銀行
- **C** ポンド
- **D** 通貨

(2) 【眼鏡：レンズ】

自動車：[　　]

- **A** エンジン
- **B** ガソリン
- **C** 飛行機
- **D** トラック

二語関係（役割・用途の見分け方）

　ここでは、二語関係のうち、「役割」と「用途」の見分け方を練習します。人か物かの違いです。職業（人）とその役割の関係であるか、物とその使いみちの関係であるかを確認します。

ココがポイント！

役割

Aの役割はBである

【例】　探偵：調査　→　「探偵の役割は調査である」
　　　　医師：治療　→　「医師の役割は治療である」

用途

Aを使ってB（を）する

【例】　たんす：収納　→　「たんすを使って収納する」

役割と用途

役割　　　用途

役割…職業とその役割
【例】　俳優：演技
用途…物とその使いみち
【例】　電卓：計算

例題　最初に示された二語の関係を考え、同じ関係のものを示しているものを、次の A 〜 C の中から選びなさい。

　　【美容師：散髪】

　　ア　コンテナ：運搬
　　イ　写真家：撮影
　　ウ　コンダクター：指揮

　A　アとイ　　　**B**　アとウ　　　**C**　イとウ　　　　答えは別冊028ページ

　「美容師の役割は散髪である」といえるので、二語の関係は「**役割**」です。ア〜ウの中から、職業（人）とその役割の関係にあるものを探します。
　ア　コンテナ：運搬　→　「コンテナを使って運搬する」
　「コンテナ」は物で、「運搬」はその使いみちを表すので、用途の関係です。
　イ　写真家：撮影　→　「写真家の役割は撮影である」
　「写真家」は職業（人）で、「撮影」はその役割を表すので、役割の関係です。
　ウ　コンダクター：指揮　→　「コンダクターの役割は指揮である」
　コンダクターは指揮者のことです。「コンダクター」は職業（人）で、「指揮」はその役割を表すので、役割の関係です。
　よって、 **A**〜**C** のうち、同じ関係のものを示しているものは、　　　　です。

→答えは別冊028ページ

1 最初に示された二語の関係を考え、同じ関係のものを示しているものを、それぞれ次の A ～ F の中から選びなさい。

(1) 【小説家：執筆】

ア　ガードマン：警備員
イ　公務員：会社員
ウ　パティシエ：製菓

A　アだけ　　B　イだけ　　C　ウだけ　　D　アとイ
E　アとウ　　F　イとウ

_____

(2) 【ドライヤー：乾燥】

ア　リヤカー：運搬
イ　ダム：防水
ウ　庭師：剪定

A　アだけ　　B　イだけ　　C　ウだけ　　D　アとイ
E　アとウ　　F　イとウ

_____

二語関係（原材料・一対の見分け方）

　ここでは、二語関係のうち、「原材料」と「一対」の見分け方を練習します。どちらも物と物の関係であることが多いです。原材料と製品の関係か、二つセットで使う関係かを確認します。

ココがポイント！

【原材料】

Aを使ってBを作る
AからBが作られる

【例】　大豆：味噌　→　「大豆を使って味噌を作る」

　　　　パン：小麦粉　→　「パンは小麦粉から作られる」

【一対】

AとBは一緒に使う

【例】　針：糸　→　「針と糸は一緒に使う」

原材料と一対

原材料　　　　　　一対

原材料…一方を原材料にもう一方を作る
【例】　パルプ：紙
一対…二つセットで使う
【例】　弓：矢

例題　最初に示された二語の関係を考え、同じ関係のものを示しているものを、次のA〜Cの中から選びなさい。

　　　【パルプ：紙】
　　　ア　カカオ：チョコレート
　　　イ　石油：プラスチック
　　　ウ　パソコン：マウス

　　A　アとイ　　　B　アとウ　　　C　イとウ　　　⊃答えは別冊028ページ

　「パルプを使って紙を作る」といえるので、二語の関係は「**原材料**」です。ア〜ウの中から、一方を原材料にしてもう一方を作る関係にあるものを探します。

ア　カカオ：チョコレート　→　「カカオを使ってチョコレートを作る」

　カカオは原材料で、チョコレートは製品を表すので、原材料の関係です。

イ　石油：プラスチック　→　「石油を使ってプラスチックを作る」

　石油は原材料で、プラスチックは製品を表すので、原材料の関係です。

ウ　パソコン：マウス　→　「パソコンとマウスは一緒に使う」

　パソコンとマウスは二つセットで使うので、一対の関係です。

　よって、A〜Cのうち、同じ関係のものを示しているものは、□　です。

原材料と一対は、使い方の違いで見きわめることができるよ。

→ 答えは別冊028ページ

1 最初に示された二語の関係を考え、同じ関係のものを示しているものを、それぞれ次の A 〜 F の中から選びなさい。

(1) 【ぶどう：ワイン】

ア　ヨーグルト：チーズ

イ　大豆：豆腐

ウ　小麦粉：スパゲッティ

A　アだけ　　B　イだけ　　C　ウだけ　　D　アとイ

E　アとウ　　F　イとウ

_____

(2) 【杵：臼】

ア　まな板：包丁

イ　鉛筆：定規

ウ　じょうろ：水やり

A　アだけ　　B　イだけ　　C　ウだけ　　D　アとイ

E　アとウ　　F　イとウ

_____

　空欄補充の問題では、接続語や慣用句・語句を当てはめる問題が出題されます。空欄の前後に注目し、論理的につながる語句を探します。

ココがポイント！

文章全体の内容をおさえたうえで空欄の前後を確認し、文脈を判断する

接続語
空欄の直前に注目し、段落や文のつながり、選択肢の接続語のはたらきを確認する。

慣用句・語句
空欄の前後の話のつながりを確認し、関連の強い語句を選ぶ。

例題　文中の空欄に入る最も適切な語句を、次の A～D の中から選びなさい。

　自然淘汰で変異が起こるスピードは、人為的な品種改良と比べて非常に時間がかかるため、人間がその変化を目にすることは稀です。[　　]、変異の蓄積に長い時間をかけることで、羽を持たずに陸上で生活していた生き物が羽を持つようになるといった、まったく不可能と思えることすら可能にする力を秘めているとも言えます。小さな変化が何百万年、何千万年の時を経て蓄積されていくにつれて、大きな変化を呼び起こすのです。

長谷川眞理子『ダーウィン 種の起源 〜未来へつづく進化論』

　A　だから　　　**B**　しかし　　　**C**　つまり　　　**D**　たとえば

⊙ 答えは別冊029ページ

　「自然淘汰」について、「人為的な品種改良」と比較して、変化の特徴を説明しています。まず、1文目と2・3文目で述べている変化について、どちらが優れているかを捉えます。

【1文目】…………　| 自然淘汰＜人為的な品種改良 |

　　　　　　　　　　[　　]　　逆の事柄をつなぐ接続語

【2・3文目】……　| 自然淘汰＞人為的な品種改良 |

　次に、選択肢の接続語のはたらきを確認すると、**A**「だから」は順接、**B**「しかし」は逆接、**C**「つまり」は説明、**D**「たとえば」は例示です。

　よって、**A**～**D**のうち、空欄に入る最も適切な語句は、　　　　です。

⊙ 答えは別冊029ページ

1 文中の空欄に入る最も適切な語句を、次の A 〜 D の中から選びなさい。

　地上と宇宙とをエレベーターでつなぐ、「宇宙エレベーター」建設という構想がある。静止衛星から垂らしたケーブルに昇降機を取り付けるという仕組みで、理論的には実現可能だと考えられている。ロケットに比べ、エレベーターは人や物資を安全かつ効率的に運搬できる。そのため、宇宙開発の目的が〔　　　〕なか、より多くの国や機関が注目するようになっている。国際会議や技術開発のための競技コンテストが開催され、実現に向けた研究は着実に進んでいる。

- A　明確化する
- B　画一化する
- C　混沌化する
- D　多様化する

PART **2** ▶ 空欄補充

並べかえ（一文内で並べかえる）

一文内で並びかえる問題では、文のはじめと終わりの内容がわかっていることが多いので、まず、並べかえる部分の前後と選択肢を確認します。そこから、キーワードとなりそうな言葉を手がかりにして、全体のつながりを考えていきます。

ココがポイント！

並びかえ部分の前後、選択肢の内容、全体のつながりを確認する

・並びかえ部分の直前とつながる最初の選択肢を探す。
・選択肢どうしのつながりを確かめ、つなぎやすいところからつなぐ。
・並びかえ部分の直後につなげる最後の選択肢を探す。

例題 A～Dを空欄[1]～[4]に入れて意味が通る文を完成させたとき、[3]に当てはまるものを選びなさい。

「座位行動」とは、座っていたり、横になっていたりする状態のことであるが、現代では、この時間が長いことが問題となっている。研究者たちの報告によると、座りすぎの人は、[1][2][3][4]座りすぎのリスクが非常に大きいことがわかってきている。

A　座りすぎていない人と比較して全体的に肥満度が高く、

B　運動習慣があったとしても

C　寿命が短くなるという調査結果も出ており、

D　糖尿病や心臓疾患率も高いだけでなく、　　　　　答えは別冊029ページ

[1]～[4]には「研究者たちの報告」についての内容が入りますが、「座りすぎのリスクが非常に大きい」という調査結果は、「座りすぎの人」と、「座りすぎていない人」の両方を調査して比較することで得られたものです。したがって、[1]にはAが当てはまります。

次に、他の選択肢の内容を確認すると、D「糖尿病や心臓疾患率も高い」は、A「肥満度が高く」の他に、「糖尿病や心臓疾患率も」高くなると付け加えていることがわかります。したがって、[2]にはDが当てはまります。D「～だけでなく」の後には、C「～結果も出ており」がくると考えられますが、B「運動習慣があったとしても」は、Cの結果の前提にあたるので、B→Cの順になります。

よって、A→D→B→Cとなるので、[3]に当てはまるものは、　　　　です。

1 A〜Dを空欄［1］〜［4］に入れて意味が通る文を完成させたとき、［3］に当てはまるものを選びなさい。

> 特に我が国は、国土の多くが森林で覆われていること等から水循環の恩恵を大いに享受し、人の営みの中で水が利活用されていく中で、現在の豊かな社会や文化が築かれてきた。しかし、都市部への人口集中、産業構造の変化、地球温暖化に伴う気候変動等の様々な要因が水循環に変化を生じさせたことにより、水質汚濁、洪水、渇水等様々な問題が顕著となってきている。我が国において、［1］［2］［3］［4］水が健全に循環し、そのもたらす恩恵を将来にわたり享受できるよう、健全な水循環を維持・回復させるための施策を包括的に推進していく必要がある。

『水循環白書（令和4年版）』（内閣官房水循環政策本部事務局）を加工して作成

A　より一層発展させていくためには、

B　将来にわたってこのような問題から国民を守り、

C　水が人類共通の財産であることを再認識し、

D　これまで育まれてきた豊かな社会や文化を継承し、

一段落内で並べかえる問題では、各選択肢のキーワードに注目します。

ココがポイント！

各選択肢のキーワードに注目し、文と文のつながりを考える

・指示語：指示語の指し示す内容が書かれている文を探す。
・接続語：接続語のはたらきに対応する内容の文を探す。
・何度も使われている言葉：前後につながる文があるか確かめる。

例題 ア〜エの文を空欄［1］〜［4］に入れて意味が通る文章を完成させたとき、エの次にくる文を、次の **A** 〜 **D** の中から選びなさい。

　熱帯雨林は地球生態系にとって重要な場である。［1］［2］［3］［4］

　そこでとくに重要な植物にイチジクがある。熱帯雨林の鍵となる木と呼ばれているのは、これが常に開花、結実しており、鳥や哺乳類の餌になるからである。森林は樹木の他に動物たちあっての生態系であり、それを支える餌が多様性の鍵を握る。
中村桂子『生きている不思議を見つめて』

　　ア　既知の種は一八〇万種だが、熱帯雨林には未知の数千万種が存在するとされている。
　　イ　温暖化が進み異常気象が懸念される中で、温暖化ガスである二酸化炭素を吸収し、炭素化合物として貯蔵する役割は大きい。
　　ウ　まず単位面積あたり温帯林の二倍の炭素を貯蔵する。
　　エ　多様な種を育てもする。

A ア　　**B** イ　　**C** ウ　　**D** エが最後の文

→ 答えは別冊029ページ

　何度も使われている言葉に注目すると、イとウに「炭素」、アとエに「種」があります。ウは「まず」という言葉で始まっており、これが空欄直前の「熱帯雨林は地球生態系にとって重要な場である」ことの最初の説明にあたります。そして、炭素を貯蔵する役割をくわしく説明しているイが続きます。残ったアとエをみると、エは「多様な種を育てもする」とあり、「熱帯雨林は地球生態系にとって重要な場である」ことの二つ目の説明にあたることがわかります。最後は、「種」の数について説明しているアとなります。

　ウ→イ→エ→アとなるので、エの次にくる文を示しているのは、　　　です。

⊙ 答えは別冊029ページ

1 ア〜エの文を空欄 ［1］〜［4］に入れて意味が通る文章を完成させた とき、アの次にくる文を、次の **A**〜**D** の中から選びなさい。

> ヨーロッパは、もともと生物相が貧相で、害虫や雑草が少 ないために、無農薬栽培や有機農業を無理なく行うことが できる。
> 　［1］［2］［3］［4］もともと生物の種類も少ないので、 環境保護の成果を目に見えて喜ぶことができるのである。

稲垣栄洋『雑草が教えてくれた日本文化史　したたかな民族性の由来』/A&F BOOKS

ア　それくらい生き物がいないのだ。

イ　以前、生物多様性の保全に取り組んでいるという英国の農場を 調査したときのことである。

ウ　農場を歩き回っても、アリ一匹さえ見つけるのが困難だったこ とがある。

エ　そんな農園に、花や木を植えれば、チョウや鳥がやってくる。

A　イ　　　**B**　ウ　　　**C**　エ　　　**D**　アが最後の文

LESSON 58 　長文読解（欠文補充）

　抜き出した文を戻す欠文補充の問題では、抜き出した文の中の指示語や接続語、書かれた内容に注目して、前後にどのような内容がくるか見当をつけます。

ＣＯＣがポイント！

抜き出した文中の語句や内容から、前後にくる内容を文章中から探し、実際に当てはめてみる

・文中の指示語・接続語に対応する部分があるか。
・文中の語句を言いかえた表現や説明があるか。
・文中で述べている理由や具体例に対応する説明があるか。

例題 次の文章を読んで、あとの問いに答えなさい。

　都市の安全は城壁や塀や鍵だけでまもられるものではありません。［１］とくに都市の外からなされる大規模な攻撃にそなえるには、都市から遠くはなれたところにも都市をまもる施設が建設されました。［２］敵との国境に建設された中国の万里の長城や古代ローマのリーメスとよばれる長城も、都市から遠く離れているとはいえ、あくまで都市をまもるものでした。［３］つまり都市の周辺ではなく、国境で敵を撃退しようとしたのです。［４］

藤田弘夫『人間は、なぜ都市をつくるのか：都市にみる人の生活のうつりかわり』

問 次の文は、この文章中から抜き出した文です。この文を文章中に戻すとすると［１］〜［４］のどこに戻すのが最も適切ですか。正しいものを選びなさい。

　都市の城壁にかわって、国境の武装で安全を確保しようとしたのです。

⟶答えは別冊030ページ

　抜き出した文では、「都市の城壁」ではなく「国境の武装」で「安全を確保」しようとしたと述べており、直前の内容を言いかえた説明になっています。したがって、「国境の武装」について具体的に述べている文を探します。

　［２］の後の文にある、「中国の万里の長城」と「古代ローマのリーメスとよばれる長城」は、「国境の武装」の具体例に相当します。また、［３］の後の文は「つまり」という接続語で始まり、「都市の周辺ではなく、国境で」と、それまでに述べたことをまとめる役割を果たしています。よって、［１］〜［４］のうち、□□に戻すのが最も適切です。

答えは別冊030ページ

1 次の文章を読んで、あとの問いに答えなさい。

　　遺伝子がすべてを決定しているという印象は、いまでも強い。遺伝子が決定しない形質は偶然的なもので、ゆえに科学的つまり一般的には、重要ではない。そう付け加えれば、「正統的な」考え方の要約になろう。［１］しかし一般的な生きものなんて、どこにも生きていない。［２］個々の具体的な生きものしか、存在しないのである。［３］しかしそんな一般化がなくても、生きていける。［４］現代人以外の生きものは、すべてそうして生きてきたからである。それをああでもない、こうでもないと考えるのが、人間である。それはたぶん余計なお世話なのだが、残念ながらふつうの生きものは口が利けない。だからなにもいわない。

養老孟司『〈自分〉を知りたい君たちへ　読書の壁』

問 次の文は、この文章中から抜き出した文です。この文を文章中に戻すとすると［１］〜［４］のどこに戻すのが最も適切ですか。正しいものを選びなさい。

　　でもそれを一般化しなければ理論にも科学にもならない。

LESSON 59 長文読解（内容一致）

文章中に述べられていることと合致するものを選ぶ問題では、選択肢の文と文章を照らし合わせ、内容が同じであるかどうかを検討していきます。

ココがポイント！

選択肢と文章を照らし合わせ、内容の合致を確認する

・選択肢と同じ内容が述べられている部分を文章中から探す。

・選択肢の内容が、文章中の内容を適切に言いかえているか、または文章中にない内容を含んでいないか、細部まで確認する。

例題 次の文章を読んで、あとの問いに答えなさい。

　人は、他者との間にさほど差を見出せないとき、そこに評価の尺度を求めようとはしません。差がなければ比較のしようもないからです。しかし、いったんそこに格差が生じると、それは評価の物差しとして作用しはじめます。友人の数もその例外ではなく、落差が歴然と目につくようになると、その数が多いか少ないかによって、人間としての価値が測られるかのような感覚が広がっていきます。実際、同調査によれば、友人数が多い者ほど、自己肯定感も高い傾向が見られ、また自分の将来は明るいと考える傾向も強くなっているのです。

土井隆義『つながりを煽られる子どもたち ―ネット依存といじめ問題を考える』

問 文章中に述べられていることと合致するものを、次のA〜Cの中から選びなさい。

　A 人の間に生じる格差は、人が多くあつまるほど目につくようになる。

　B 格差はその内容にかかわらず、自分や他人を評価する基準となりうる。

　C 他者との間にある格差の大小と、評価の良し悪しは比例している。

⊙ 答えは別冊030ページ

他者との間の「格差」が人の「評価」をつくることについて説明しています。

A 「格差」が小さい場合は「評価の尺度」にならないと述べており、人の多さとは無関係です。

B 「格差」が生じると「評価の物差し」として作用し、たとえば「友人の数」で「人間としての価値」が測られるような感覚が広がると述べています。

C 「格差」が大きいと「評価の物差し」として作用するようになりますが、「評価」自体が高くなるわけではなく、「比例している」とはいえません。

　よって、A〜Cのうち、合致するものは、□です。

→ 答えは別冊030ページ

1 次の文章を読んで、あとの問いに答えなさい。

　　たとえばあなたが意識の中で過去に訪れた街の風景を思い浮かべる時、それは目の前に見える風景とは異なりますが、しかしかつてその眼で見た視覚経験がもとになった風景のおぼろげな再現です。その意味では、過去の街の風景を想起する意識とは視覚の一種といえるでしょう。かつての視覚経験なしには、その街の風景を意識の中で思い浮かべる事はできないからです。また匂いや音、触感といったものを意識の中で想起する時も、どれもみな実際に経験した事のあるものを思い浮かべるだけです。

三好由紀彦『詩と哲学のあいだ』

問　文章中に述べられていることと合致するものを、次の **A** ～ **D** の中から選びなさい。

A　人間は過去の経験や知覚をぼんやりと思い浮かべることしかできず、それは実際の風景とはまったく異なる空想上の風景でしかない。

B　人間は過去の経験や知覚に忠実に思い浮かべようとしがちであり、経験や知覚にとらわれずにものを意識することは難しい。

C　人間は過去の経験や知覚を思い浮かべようとする時、無意識にその時の思いが反映されるため、完全には再現することはできない。

D　人間は過去に経験、知覚したものをもとに何かを思い浮かべるのであり、知覚や経験を前提としないものを意識することはできない。

長文読解（筆者の主張）

筆者の主張と合致するものを選ぶ問題では、文章中で筆者の意見が述べられている部分をおさえ、選択肢の内容と照らし合わせます。

ココ が ポイント！

文章中の語句や表現に注目して、筆者の意見や主張を考える

・何度も使われている言葉に注目する。
・文末「〜と思う」「〜に違いない」「〜が必要である」などに注目する。
・「なぜなら」「つまり」「要するに」などのまとめ言葉に注目する。

例題 次の文章を読んで、あとの問いに答えなさい。

　情報時代と呼ばれる今日、社会には多くの情報が飛び交っています。人々は多くの情報を求め、情報を提供するサービスにも事欠きません。しかし現実問題として、どれほどの情報が有効材料として活用されているかは怪しいのです。過剰な情報を収集することに奔走し、無駄な労力を浪費している可能性については常に自問すべきでしょう。

池谷裕二『寝る脳は風邪をひかない』

問 **筆者の主張として考えられるものを、次の A 〜 C の中から選びなさい。**

A 　情報化が進む現代では、情報に頼りすぎないように注意する必要がある。

B 　情報が氾濫する現代では、必要な情報を取捨選択する力が求められている。

C 　情報過多な現代では、情報を有効に活用できているか考えるべきである。

⇒答えは別冊031ページ

　最後の「自問すべきでしょう」という表現に注目し、情報時代と呼ばれる今日において、どうすべきであると筆者は考えているかを読み取ります。

A 　「情報に頼りすぎないように注意する」ということは述べていません。

B 　情報収集について「常に自問すべき」と述べていますが、そのために「必要な情報を取捨選択する力が求められている」とは述べていません。

C 　「どれほどの情報が……怪しい」とあり、情報収集に「無駄な労力を浪費」せず、有効に活用しているかを考えるべきだと主張しています。

　よって、 A 〜 C のうち、考えられるものは、 ☐ です。

答えは別冊031ページ

1 次の文章を読んで、あとの問いに答えなさい。

　　普段、何気なくことばを使って人と会話し、自分の意図
は伝わったと信じ、自らもことばを使ってものごとを考え
ている。空気や水と同様、大切だが、存ることがあたりま
えで、ことばの意味をひとつひとつ確認していたら、日常
生活は立ち行かない。

　　だからといって、ことばを粗末に扱って構わないなどと
は思っていない。自分の持っている語彙力、ことばを使う
能力は意識して磨かねば気づかぬうちに失われ、歳を重ね
るごとに円熟味を増すどころか、骨粗鬆症のようにすかす
かになってしまう。ことばに関する限り、断捨離しても風
通しがよくなるわけでも、身軽にもなるまい。

青木奈緒『ことばの来し方』

問　**筆者の主張として考えられるものを、次のA〜Cの中から選びなさい。**

A　日常生活において、ことばの意味や使い方に気を配るよう意識す
ることが、語彙力を維持したり伸ばしたりすることにつながる。

B　語彙をどれほど多く持っているかより、自分の意図を確かに相手
に伝えることができる語彙を持っているかどうかが大切である。

C　語彙力は自然に伸ばすことはできないので、可能な限りことばの
意味を丁寧に確認し、多様な使い方を身に付ける必要がある。

実践演習⑥

→答えは別冊031ページ

PART 2　言語分野

1　次の意味を示すものとして、最も適切なものを、それぞれ次の **A ～ E** の中から選びなさい。

⑴ 【物事を熱心にやらず、いいかげんにしておくこと】
（制限時間：1分）

A おぼろげ　　**B** ぶしつけ　　**C** そぞろ
D さかしら　　**E** なおざり

⑵ 【身近でありふれていて、わかりやすいこと】
（制限時間：1分）

A 緊密　　**B** 卑近　　**C** 簡素　　**D** 明瞭　　**E** 質朴

⑶ 【僭越】
（制限時間：1分）

A 細かいところまで、しつこくあれこれ調べること
B おごり高ぶって人を見下し、身勝手なことをすること
C 自分の地位や立場を越えるような出過ぎたことをすること
D 表面には現われず見えないところに隠れて存在すること
E 普通は起こらないようなことであり、非常に珍しいこと

2 次にあげる 5 つの熟語の成り立ちについて、正しいものを、それぞれ次の **A** 〜 **D** の中から選びなさい。

(1)　ア【棄権】　イ【硬軟】　ウ【逸脱】　エ【愚策】　オ【鶏鳴】
（制限時間：2分）

　A　似た意味の字が並んでいる　　**B**　反対の意味の字が並んでいる
　C　動詞の後に目的語が置かれている
　D　**A**〜**C**のどれにも当てはまらない

(2)　ア【皆無】　イ【請願】　ウ【日没】　エ【避難】　オ【繁閑】
（制限時間：2分）

　A　反対の意味の字が並んでいる
　B　前の字が後の字を修飾している
　C　主語と述語の関係になっている
　D　**A**〜**C**のどれにも当てはまらない

実践演習⑦

 ⊙答えは別冊032ページ

PART 2　言語分野

1　下線部の語句と同じ意味のものを、それぞれ次の**A**～**D**の中から選びなさい。

(1)　【<u>ふしょう</u>ながらも依頼を引き受ける。】
（制限時間：1分）

　　A　不肖　　**B**　不祥　　**C**　不詳　　**D**　不承

(2)　【学生の<u>ゆうし</u>による応援団を結成する。】
（制限時間：1分）

　　A　<u>ゆうし</u>を募ってボランティア活動をする。
　　B　事業のために銀行から<u>ゆうし</u>を受ける。
　　C　山々が雲の間から<u>ゆうし</u>を現す。
　　D　<u>ゆうし</u>以来初めてのことだ。

2　下線部の語句と同じ意味のものを、それぞれ次のA〜Dの中から選びなさい。

⑴　【大型車の<u>とおり</u>を制限する。】
（制限時間：1分）

　　A　商店街で人の<u>とおり</u>が激しい。　　**B**　開放的で空気の<u>とおり</u>がよい。

　　C　予期した<u>とおり</u>の結果になる。　　**D**　賑やかな<u>とおり</u>をゆっくり歩く。

⑵　【ライバルとの戦い<u>に</u>赴く。】
（制限時間：1分）

　　A　台風が熱帯低気圧<u>に</u>なる。　　**B**　売買を専門家<u>に</u>相談する。

　　C　病院へ友人を見舞い<u>に</u>行く。　　**D**　多彩な商品が一堂<u>に</u>集まる。

実践演習 ⑧

PART 2　言語分野

1　最初に示された二語の関係を考え、同じ関係のものを示しているものを、次の**A**〜**F**の中から選びなさい。

（制限時間：1分）

【節句：端午】

ア　ボルト：ナット

イ　洋服：襟

ウ　アルファベット：漢字

A　アだけ　　**B**　イだけ　　**C**　ウだけ

D　アとイ　　**E**　アとウ　　**F**　イとウ

2　次にあげた二語の関係と同じになるように、［　　］に入る言葉を、次の**A**〜**E**の中から選びなさい。

（制限時間：1分）

【ドメスティック：インターナショナル】

寡黙：［　　］

A　沈黙

B　潤沢

C　独占

D　饒舌

E　明朗

3 文中の空欄に入る最も適切なものを、次の **A**〜**D** の中から選びなさい。

（制限時間：3分）

> 　　自分の思考を進展させるものは、つねに観念や直感や洞察などの心理的なものである必要はない。さまざまな場所でアイデアを促すとされている本や資料や図や絵画、あるいは何かの体験など日常的な事物や物事で構わない。とはいえ、それがうまく思考を促すこともあれば、うまくいかないこともある。思考とは、[　　　]に他ならない。それは、自分と同じく解答を知らない教師や同輩と探求の旅に出ることである。これまでの旅に役立ったさまざまな器具や道具で、道を切り開こうとするが、うまく行ったり行かなかったり、思い通りに行ったり偶然に成功したりといったことを繰り返す旅である。
>
> 河野哲也『人は語り続けるとき、考えていない　対話と思考の哲学』

A　問題解決できないもどかしさにひたすら耐えるという試練

B　問題解決を何とか手繰り寄せようとする実験の過程

C　問題解決という仮想のゲームに溺れた現実からの逃避

D　問題解決を通して成長という宝を得ようという決意

実践演習 ⑨

PART 2　言語分野

1 **次の文章を読んで、あとの問いに答えなさい。**（制限時間：6分）

> ア　しかし、言葉をたくさん知っていたとしても、それを頭のなか
> 　　からうまく引きだす力がないと、語彙力がある人とは言えません。
> イ　それは半分正しくて、半分誤りです。
> ウ　つまり、語彙の知識が豊富にあるだけでは不十分で、それを実
> 　　際に使いこなす力、運用力がないと、語彙力がある人だとは言
> 　　えないのです。
> エ　言葉をたくさん知っている人が語彙力のある人だという考え方
> 　　があります。
> オ　たしかに、ボキャブラリーが貧困なのに語彙力のある人はいな
> 　　いでしょう。　石黒圭『段落論　日本語の「わかりやすさ」の決め手』/光文社新書

(1)　ア〜オの文を意味が通るように並べかえたとき、アの次にくる文を、次の
　　A〜**E**の中から選びなさい。（制限時間：3分）
　　A イ　　**B** ウ　　**C** エ　　**D** オ　　**E** アが最後の文

(2)　ア〜オの文を意味が通るように並べかえたとき、ウの次にくる文を、次の
　　A〜**E**の中から選びなさい。（制限時間：3分）
　　A ア　　**B** イ　　**C** エ　　**D** オ　　**E** ウが最後の文

2 次の文章を読んで、あとの問いに答えなさい。（制限時間：10分）

　人間は、小さいときからほかの人々の気持ちを読むようになる。目や顔の表情、しぐさや態度などを手がかりにして、周囲の人々がどんな気持ちでいるか、集団全体がどんな雰囲気なのかを感じるようになる。　1　、ちがった場所に行き、ちがった仲間に囲まれてもすぐにその雰囲気に同調することができるのだ。また、人々もそれぞれ顔ぶれのちがう集団で、いろいろな仲間と気分を変えてつきあうことができる。これは、人間の高い共感能力と同調能力のおかげだ。

　でも、こういったつきあいはすでに知っている人々の間で起こることだ。新しい集団に入るとき、新しい仲間を受け入れるとき、どことなくぎこちない関係が生じる。[1] それは、まだ新しい集団の雰囲気や、新しい仲間の個性を飲み込めていないからだ。新しい仲間に囲まれたときはおとなしくしていて、みんなが自分を理解してくれるまでじっと待つ、という方法もあるだろう。それが日本では一般的だ。[2] だれもが同じ日本の文化の中で育っているという安心感があるから、みんな違和感を持たない。

　しかし、日本でも文化のちがう地域からやってきたり、海外からやってきたりした場合はちがう。服装や言葉や食べ物の好みがちがっていて、なかなかみんなと同調できない。[3] 黙っていると、みんなの輪に入れず、置いてきぼりをくうはめになる。[4] 友達はできないし、下手をすればいじめに遭う。

　そういうときはどうしたらいいか。自己主張をすべきである。[5] でも、めだてばいいということではない。まず、自分がどういう人間であるかを明らかにする。みんなが近づきがたいと思っているのは、どんな場所からやってきてどんな経験を持つかを知らないからだ。つまり、どんな個性を持っているかがわからないから、つきあうことに戸惑っている。だから、積極的に自分の体験や能力を示したほうがいい。次に、自分が友達になりたいと思う仲間を見つけ、自分に関心を持ってもらうように働きかける。その場合、一対一で働きかけることが肝要だ。相手が集団でいれば、かならずほかの仲間に気を使うから、自分のほうを向いてはくれない。相手が一人でいるときに話しかければ、拒否することは難しい。そうして、いったん関心を持ってもらえば、あとはみんなが思うとおり、「やさしく」「理解する」ことが友達との関係を長続きさせるいい方法となる。

山極寿一『人生で大事なことはみんなゴリラから教わった』

⑴　　1　に入る最も適切な接続語を、次の**A**〜**E**の中から選びなさい。

（制限時間：1分）

　　A　しかし　　　**B**　だから　　　**C**　なぜなら

　　D　あるいは　　**E**　しかも

⑵　次の文を文章中に挿入する場合、〔1〕〜〔5〕のどこに挿入するのが最も適切ですか。正しいものを選びなさい。

（制限時間：2分）

> 肌や目の色、髪の毛の色や形がちがっていて、みんなの注目を集める。

⑶　文章中の下線部それの指す内容として最も適切なものを、次の**A**〜**E**の中から選びなさい。

（制限時間：2分）

　　A　知っている人々の間ではいろいろな仲間とつきあえること

　　B　新しい集団に人が出入りする時、ぎこちない関係が生じること

　　C　新しい集団の雰囲気や新しい仲間の個性を飲み込めていないこと

　　D　新しい仲間が自分を理解してくれるまでおとなしく待つこと

　　E　同じ集団の文化の中で育っているという安心感があること

(4)　文章中に述べられていることと合致するものを示しているものを、次の**A**
　　～**F**の中から選びなさい。

（制限時間：2分）

　　ア　人間が集団で生活できるのは、互いに相手の気持ちを読めるからであ
　　　　る。
　　イ　人間には親しくない相手の個性を理解することを拒否しようとする性
　　　　質がある。
　　ウ　人間は自分が置かれている状況や環境にふさわしくふるまおうとする。

A　アだけ　　**B**　イだけ　　**C**　ウだけ
D　アとイ　　**E**　アとウ　　**F**　イとウ

(5)　筆者の主張として考えられるものを、次の**A**～**E**の中から選びなさい。

（制限時間：3分）

　A　日本では相手が自分を受け入れてくれるのを待つのが美徳であるが、海
　　　外では自分自身の意見を積極的に主張するようにしなければならない。
　B　文化の違う地域や海外からきた人々の集団に入ろうとするときは、みん
　　　なと仲良くするよりも、一人の友達と特に親しくつきあうほうがよい。
　C　共感や同調をしにくい人々の中に入ろうとするときは、自分自身につい
　　　て伝えることで、相手が自分に興味を持ってくれるようにするとよい。
　D　文化や国が異なる人々と交流するには、相手に自分を理解してもらおう
　　　とするだけではなく、自分が相手を理解しようと努めるべきである。
　E　知らない人々の集団の中では、黙っていてもみんなの注目を集めがちな
　　　ので、自分について話すときは目立たないように注意するべきである。

▶ 助詞

語句	例文	言いかえ	意味・用法
で	河原でキャンプをする	において	場所
	ほうきで庭を掃く	を使って	手段・方法
	強風で波が高い	のために・のせいで	原因・理由
	一日で本を読み終える		期限・限度
	笑顔で挨拶をする		状態
と	青と赤の色鉛筆		並列
	選挙で当選となる	に	結果
	昔と変わらない風景		比較
	友人と買い物に行く		相手
	楽しかったと思う		引用
から	封筒から書類を取り出す	より	空間的起点
	早朝から散歩する	より	時間的起点
	窓から外に出る	を通って	経由
	お米から日本酒ができる	をもとに・を使って	材料
	あせりから失敗する	のために・によって	原因・理由
	専門家から学ぶ	に	相手・受け身
でも	子どもでもわかる	でさえ・だって	類推
	散歩でもしようと誘う	たとえば〜でも	例示
	呼んでも返事がない	だけれども	逆接
ながら	歌いながら踊る	つつ	並行
	知っていながら答えない		逆接
	昔ながらの町並み	の通り・のまま	状態
ばかり	肉ばかり食べている	だけ・のみ	限定
	三十分ばかり昼寝をした	くらい・ほど	程度
	仕事が終わったばかりだ	たった今〜ばかり	完了
	急いだばかりに転んだ	ため	原因・理由
	泣きださんばかりの顔	今にも〜ばかり	状態

▶▶ 助動詞

語句	例文	言いかえ	意味・用法
う	毎日走ろうと決心する		意志
	外は寒いだろう	おそらく〜う	推量
	みんなで協力しよう		勧誘
そうだ そうに そうな	うれしくて涙が出そうだ		様態
	彼は欠席するそうだ	ということだ	伝聞
た	北海道一周旅行をした	以前に〜た	過去
	列車が終着駅に着いた	たった今〜た	完了
	壁にかけた絵を見る	ている・てある	存続
	会議は十時からでしたね		確認
だ	最も大切なのは時間だ	である	断定
	夕日がゆっくりと沈んだ		過去・完了
	祖父は若々しくて健康だ	とても〜である	形容動詞の語尾
ない	決して嘘はつかない	ぬ・ず	打ち消しの助動詞
	多忙で時間がない		形容詞
	早朝は人出が少ない		形容詞の一部
まい	同じ失敗はくり返すまい	ことはしない	打ち消しの意志
	元通りにはなるまい	ことはないだろう	打ち消しの推量
ようだ ように ような	真夏のような暑さだ	まるで〜ような	比喩
	父のような医者になりたい	たとえば〜ような	例示
	間もなく出発するようだ	どうやら〜ようだ	推定
らしい	午後は風が強いらしい	どうやら〜らしい	推量
	子どもらしい無邪気な顔	いかにも〜らしい	状態
	すばらしい贈り物をもらう		形容詞の一部
れる られる	特別に見学を許される		受身
	一人で出かけられる		可能
	故郷が思い出される	自然に〜れる	自発
	来賓が祝辞を述べられる		尊敬

覚えておきたい語句

▶▶▶ 多義語

語句	例文	意味・言いかえ	漢字
顔	水で顔を洗う	頭部の前面	
	不思議そうな顔をする	表情	
	相手の顔を立てる	体面・信用・評判	
	顔がそろう	人数	
手	手を左右に振る	肩から指先までの部分	
	手が足りない	人手	
	手の込んだ刺繍をする	手間・手数	
	編み物の手を止める	作業・仕事	
もと	文明のもとを探る	起こり・始まり	元
	親のもとを離れる	そば	元
	生活のもとを正す	根本	本
	旗のもとに集まる	物の下の部分	下
	法のもとの平等	規則や支配力の及ぶところ	下
きく	足音をきく	音や声を感じ取る	聞く
	駅までの道をきく	たずねる	聞く
	頼みをきく	受け入れる	聞く
	頭痛にきく薬	効果やはたらきが現れる	効く
	生意気な口をきく	言葉を発する	利く
くむ	足場をくむ	組み立てる	組む
	徒党をくむ	仲間になる	組む
	時間割をくむ	組織する・編成する	組む
	相手の気持ちをくむ	おしはかる	汲む
のる	台の上にのる	上にあがる	乗る
	軽快なリズムにのる	調子が合う	乗る
	流行にのる	勢いにまかせて進む	乗る
	相談にのる	相手になる・仲間になる	乗る
	口車にのる	引っかかる・騙される	乗る
	新聞に記事がのる		載る

性格検査
オプション検査

PART3 では性格検査と
オプション検査について紹介します。
それぞれの概要を解説しているので、
内容を理解しておくようにしましょう。

性格検査の概要

  性格検査の結果は面接を行うときの資料

　SPIには大きく分けて「基礎能力検査」と「性格検査」の２つがあります。基礎能力検査は、LESSON1 ～ 60で学習した非言語能力や言語能力によって判定する検査で、性格検査は、「日頃の行動や考え方に関する質問」の回答から、「人との接し方」や「仕事への取り組み方」、「目標の持ち方」などと関連するさまざまな性格の特徴を測定する検査です。

SPIの出題項目は大きく分けて２つ。

　性格検査の結果は面接を行うときの資料として利用されます。受検者の性格的な特徴や、どのような職務に向いているかが数値化され、企業はその結果をもとに、受検者が自社の求める人物像と合っているかどうかを確認します。

  性格特徴・職務適応性・組織適応性

　性格検査で測定される内容は、大きく分けて「性格特徴」、「職務適応性」、「組織適応性」の３つです。

① 性格特徴
　受検者の性格を、４つの側面（18の尺度）で測定。
　①行動的側面…日常生活における活動の傾向
　②意欲的側面…目標や行動に対する積極性の傾向
　③情緒的側面…感情を整理する方法の傾向
　④社会関係的側面…人や組織との関わり方の傾向

② 職務適応性
　どのような職務に向いているかを14の尺度で測定。

③ 組織適応性
　どのような組織風土の企業に向いているかを４つの尺度で測定。

① 性格的な特徴をくわしく知る（性格特徴）

行動的側面	社会的内向性	対人面で控えめかどうか
	内省性	物事を掘り下げて考えるかどうか
	身体活動性	フットワークがよいかどうか
	持続性	粘り強く、あきらめが悪いかどうか
	慎重性	見通しをつけながら物事を進めるかどうか
意欲的側面	達成意欲	大きな目標を持ち、競争心が強いかどうか
	活動意欲	決断が速く、行動が機敏かどうか
情緒的側面	敏感性	神経質で、感情がこまやかかどうか
	自責性	受容的で、落ち込みやすいかどうか
	気分性	感情に素直で、周囲に影響されやすいかどうか
	独自性	個性的で、マイペースかどうか
	自信性	覇気があり、自尊心が強いかどうか
	高揚性	明るく、調子がよいかどうか
社会関係的側面	従順性	人の意見を受け入れやすいかどうか
	回避性	リスクや苦手な物事を避けがちかどうか
	批判性	自分と異なる意見に対して攻撃的かどうか
	自己尊重性	自分の視点に沿って物事を進めるかどうか
	懐疑思考性	人の話をうのみにしないかどうか

性格特徴の評価は、あくまでも「その傾向が強い」ということを表すものだから、得点が高ければよいというものではないよ。

② 職務への適応のしやすさ（職務適応性）

対人	関係構築	多くの人と関係を築く
	交渉・折衝	交渉や折衝に臆することなく取り組む
	リーダーシップ	先頭に立って周囲をリードする
協調	チームワーク	周囲と協力しながら物事を進める
	サポート	人に気を配り、親身にサポートする
活動	フットワーク	あまり考えず、フットワークよく行動する
	スピード対応	素早く判断し、てきぱきと行動する
	変化対応	不測の事態に柔軟に素早く対応する
課題遂行	自律的遂行	自分で考え、自律的に課題を進める
	プレッシャー耐性	プレッシャーに負けずに課題に取り組む
	着実遂行	こつこつ努力を重ねて課題を進める
企画	発想・チャレンジ	既存の枠にとらわれずに課題を進める
	企画構想	新しいアイデアを企画する
	問題分析	複雑な課題を分析し、論理的に結論を導く

③ 組織への適応のしやすさ（組織適応性）

創造重視風土	チャレンジを推奨する自由闊達な風土。革新的、風通しがよい。
結果重視風土	個々に高い成果を求める厳しい風土。競争的、責任が明確。
調和重視風土	人の和を尊重する温かい風土。アットホーム、面倒見がよい。
秩序重視風土	規律を守り計画的に進める機能的な風土。ルールが明確。

性格検査の検査方法

性格検査は、第1部〜第3部の3部構成

性格検査は第1部〜第3部の3部構成で、約300の質問に回答します。制限時間は、テストセンターで約30分、ペーパーテスティングで約40分です。

▓ 第1部　AとBのどちらに近いかを回答する。

質問数：約90問／制限時間：約10分

以下の質問はあなたの日常の行動や考えにどの程度当てはまりますか。
最も近い選択肢を1つ選んでください。

	Aに近い	Aにどちらかといえば近い	Bにどちらかといえば近い	Bに近い	
A					**B**
1 物事の決断は早いほうだ	○	○	○	○	決断に時間がかかるほうだ
2 休日は外出したい	○	○	○	○	休日は家ですごしたい

▓ 第2部　どの程度当てはまるかを回答する。

質問数：約130問／制限時間：約15分

以下の質問はあなたの日常の行動や考えにどの程度当てはまりますか。
最も近い選択肢を1つ選んでください。

	当てはまる	どちらかといえば当てはまる	どちらかといえば当てはまらない	当てはまらない
1 落ち込みやすいほうだ	○	○	○	○
2 ささいなことが気になってしまうほうだ	○	○	○	○

▓ 第3部　AとBのどちらに近いかを回答する。

質問数：約70問／制限時間：約10分

性格検査を受検するときに気をつけること

① 受検しやすい時間と場所を確保する

　性格検査を時間内に回答することは基礎能力検査ほど難しくはありませんが、自宅や学校などのパソコンから受検するWEBテスティングでは、うまく操作ができず中断が生じた、または制限時間内に終わらなかった、などのケースが考えられます。できるかぎり時間を確保し、**1人で集中して回答できる場所を準備しましょう**。なお、スマートフォンからの受検は、推奨されていません。

② 自分をよく見せようとしない

　性格検査では、基本的に**取り繕わず、正直に回答することをおすすめします**。質問項目は約300あるので、自分をよく見せようとして嘘の回答をしても、どこかで一貫性を失ってしまいます。人事用報告書の回答態度の欄で「自分を故意によく見せようとする傾向がある」と評価がついてしまうと、面接の際に、採用担当者に不信感を抱かれることもあるので注意が必要です。

　ただし、社会に出て働く自分の姿を思いえがき、「**社会人として成長した自分ならどう答えるか**」と考えながら回答することはできると思います。社会に出れば、社会人として節度ある行動作法が求められます。おのずと家族や友人と接するときとは異なる心がまえになるはずです。

③ 企業の求める人物像を理解する

　それぞれの企業は求める人物像を設定しており、それに合った人材を探しています。もし回答に迷った場合は、**企業の求める人物像を把握しておくことで選択肢を選びやすくなります**。ただし、求められる人物像に寄せようとするあまり、本来の自分の考えからかけ離れた回答ばかりしてしまうと、面接の際に矛盾が生じてしまうので注意が必要です。まずは、志望する企業の組織風土を調べ、自分の適性に合っているかどうかを見きわめることが大切です。

> 企業によって求める人物像は異なるし、1つの企業が、1つのタイプの人材だけを求めているわけではないんだ。志望する企業が本来の自分の持ち味を発揮できるところであるかどうか、慎重に見きわめよう。

④ すべての質問に答える

　1問ごとの回答に時間をかけすぎないようにしましょう。未回答の質問が多すぎると総合的な判断が難しくなります。いろいろと考えすぎて答えに迷うようなら、素直に回答してしまったほうがよいといえます。

性格検査の結果から作成される「人事用報告書」

基礎能力検査と性格検査の結果は、受検者が応募した企業に人事用報告書として送られます。企業の採用担当者はこの報告書から受検者の人物特徴を理解し、面接を通して、求める人材であるかどうかを見きわめます。

人事用報告書の例

受検者の強み・弱みを知る　　　　受検者の性格を知る

1 能力	**4 回答態度**
言語能力・非言語能力の得点	回答態度に問題がある場合に表示
2 職務適応性	**5 性格特徴**
14 の職務への適応性を判定	4 つの側面（18 の尺度）で性格を測定
3 組織適応性	
4 つの組織風土への適応性を判定	

●**コミュニケーション上の注意点**
受検者をタイプ別に分類し、面接での
コミュニケーション上の注意点を表示

●**人物イメージ**
仕事面の特徴、困難な場面での特徴など

●**面接で確認すべきポイントと質問例**
面接のときに確認すること、質問例など

面接で見るべきポイントや注意点を確認する

① 能力

　これまで学習してきた言語能力と非言語能力、また、オプション検査の英語能力や構造的把握力について、それぞれ 7 段階で評価します。企業にとっては、主に**受検者の人数を絞り込むために利用する欄**といえます。測定結果はSPIの偏差値によって決められているので、志望する企業がどの程度の偏差値を必要とするかを事前に調べておきましょう。

②　職務適応性（職務への適応のしやすさ）

　「関係構築：多くの人と関係を築く」など、14の職務について、受検者の適応性が5段階で判定されます。採用担当者は、**受検者が自社の求める人材に近いか、入社後に活躍してくれそうかなどを見きわめます。**

③　組織適応性（組織への適応のしやすさ）

　「調和重視風土：人の和を尊重する温かい風土」など、4つの組織風土について、受検者の適応性が5段階で判定されます。採用担当者は、**受検者が自社の社風に適合する人物かどうかを見きわめます。**

④　回答態度

　回答態度に問題がある場合に表示されます。本来の自分の特徴と異なる回答をした場合、「自分を故意によく見せようとする傾向がある」と報告されるので、性格検査で回答するときは、**正直に回答することをおすすめします。**

⑤　性格特徴

　「行動的側面」、「意欲的側面」、「情緒的側面」、「社会関係的側面」の4つの側面から、受検者の性格特徴が評価されます。採用担当者は、**受検者がどのような人物かを確認する**際にこの欄を活用します。

▓ コミュニケーション上の注意点

　受検者のタイプと、そのタイプに合わせたコミュニケーション上の注意点を表示しています。コミュニケーションのNG例やOK例なども記されており、採用担当者は、**受検者との具体的な接し方や質疑応答など**を考える際に、この欄を活用します。

▓ 人物イメージ

　性格特徴の結果から、受検者の基本的な特徴・仕事面の特徴・困難な場面での特徴など、**基本的な人物像・行動パターン**が記述されます。

▓ 面接で確認すべきポイントと質問例

　性格特徴、人物イメージをふまえて、**面接で見るべきポイントや具体的な質問例**が表示されます。

LESSON 64 オプション検査

英語能力検査（ENG）はテストセンターとペーパーテスティングで実施

［テストセンター］問題数：受検者により異なる／実施時間：約20分
［ペーパーテスティング］問題数：40問／実施時間：30分

　SPI「基礎能力検査」のうち、非言語能力検査と言語能力検査の他に、オプション検査として「英語能力検査（ENG）」と「構造的把握力検査」を採用している企業もあります。

　英語能力検査は、主に総合商社や外資系企業、またメーカーやマスコミなど、ビジネスで英語力を重視する企業で採用され、テストセンター（SPI-U、SPI-G）と、ペーパーテスティングで実施されます。WEBテスティングでは実施されません。

英語能力検査とは

　英語能力検査では、語彙力、文法・語法の理解力、長文読解力が問われます。リスニングは出題されません。求められる知識は、高校卒業レベルを想定して作られています。

1　語彙力を問う問題

　同意語、反意語、英英辞典（英語の説明文に近い英単語を選ぶ問題）などが出題されます。単語力は一朝一夕に身に付くものではないので、継続的な英語学習が必要です。単語を覚えるときは同意語や反意語とセットで覚える、日頃から英英辞典に親しむなどして、効率的な学習を心がけましょう。

2　文法・語法を問う問題

　空欄補充、誤文訂正（文法、用法上誤っている部分を選ぶ問題）、和文英訳などが出題されます。基礎的な質問が多いので、基本を重視した大学受験用の文法・語法問題集を１冊購入し、何度もくり返し解きましょう。

3　長文読解

　会話文、短文解釈、長文解釈、またグラフや表を取り入れた読解問題などが出題されます。解くときは、先に設問に目を通し、問われている内容を把握してから本文を読むことをおすすめします。設問の意味を正確に捉え、本文の内容全体を素早く理解できるようになることが重要なので、大学受験の基本的な読解問題やSPI問題集などにくり返し取り組み、読むスピードを養いましょう。

構造的把握力検査はテストセンターのみで実施

［テストセンター］問題数：受検者により異なる／実施時間：約20分

構造的把握力検査は、外資系コンサルや総合商社などで採用されており、検査はテストセンター（SPI-U）のみで実施されます。

構造的把握力とは、物事の背後にある共通性や関係性を構造的に把握する力と位置付けられており、未経験の問題に直面したとき、新しいサービスを考えるとき、合意形成をするときなどに発揮される能力とされています。

構造的把握力検査とは

出題形式には、非言語系と言語系の2種類があります。

① 非言語系

4つの文の中から、問題の構造が似ているものを選ぶ問題です。文章題を読み、与えられた条件や計算式などから共通点を考えます。たとえば、

ア：あるクラスの男女比は6：4です。女子が20人のとき男子は何人ですか。

イ：妹は姉より4歳年下で、2人の年齢の和は24歳です。姉は何歳ですか。

ウ：兄は弟より8cm身長が高く、2人の身長の和は350cmです。兄は何cmですか。

アは、20人÷4＝5人（女子の①にあたる人数）→5人×6＝30人（男子の人数）

イは、（24歳＋4歳）÷2＝14歳（姉の年齢）

ウは、（350cm＋8cm）÷2＝179cm（兄の身長）

よって、イとウはどちらも和と差をもとに解く問題で構造が似ていることがわかります。このように、解答を導く手順や組み立てた計算式の違いに注目して正しい組合せを探していきます。

② 言語系

5つの文や会話などの中から、似た構造のものを選び、2つのグループと3つのグループに分類する問題です。たとえば、

ア：弟は海水浴に行きたかったようだが、私は登山を提案した。

イ：妹に数学の勉強方法を教えてほしいと言われたので、私は助言をした。

アは、文の前半の内容に対し、後半でそれを否定（反対）しています。イは、文の前半の内容に対し、後半でそれを肯定（賛成）しています。このような文の構造、あるいは論理の構造の違いに注目してグループ分けを行います。グループ分けの根拠は、原因と結果、意思と願望、客観と主観、個人と集団などさまざまです。

SPI3を
ひとつひとつわかりやすく。

【監修】
山口 卓

【編集協力】
秋下 幸恵　　　左高 豊武　　　古館 勇人
株式会社エディット

【カバーイラスト】
キタハラケンタ

【本文イラスト】
キタハラケンタ
株式会社ユニックス

【ブックデザイン】
山口 秀昭（Studio Flavor）

【DTP】
株式会社　ユニックス

【企画・編集】
徳永 智哉

『SPI3をひとつひとつわかりやすく。』
を使ってくれてありがとう。納得のいく就活ができ、志
望する企業から内定を勝ち取れることを祈っているよ！

Job Hunting One by One
SPI3

解答と解説

Gakken

解答・解説

LESSON 1　四則の混じった計算

解答

本文 026 ページ

❶ 6　❷ 4　❸ 8　❹ 24　❺ 11　❻ C

EXERCISE
本文 027 ページ

1 B　2 B　3 D

解説

1
$$33 - 18 + 67 - 22$$
$$= 33 + 67 - 22 - 18 \quad ←交換法則$$
$$= 100 - 40 \quad\quad\quad ←結合法則$$
$$= 60$$
よって、答えは B です。

2
$$72 - 2^3 \times (24 - 17)$$
$$= 72 - 2^3 \times 7$$
$$= 72 - 8 \times 7$$
$$= 72 - 56$$
$$= 16$$
よって、答えは B です。

3
$$17 \times 22 + 8 \times 17$$
$$= 17 \times 22 + 17 \times 8 \quad ←交換法則$$
$$= 17 \times (22 + 8) \quad\quad ←分配法則の逆$$
$$= 17 \times 30$$
$$= 510$$
よって、答えは D です。

LESSON 2　公倍数と公約数

解答

本文 028 ページ

❶ 2　❷ 6　❸ 10　❹ 2　❺ 3　❻ 5　❼ 2
❽ 2　❾ 4　❿ 2　⓫ 2　⓬ 3　⓭ 5　⓮ 60
⓯ B

EXERCISE

本文 029 ページ

1 D　2 C　3 E

解説

1
```
3 ) 9  15
      3   5
```
（最小公倍数）
$$3 \times 3 \times 5 = 45$$
よって、答えは D です。

2
```
2 ) 24  60
2 ) 12  30
3 )  6  15
      2   5
```
（最大公約数）
$$2 \times 2 \times 3 = 12$$

よって、答えは C です。

3 54 の約数……{1、2、3、6、9、18、27、54}
72 の約数……{1、2、3、4、6、8、9、12、18、
24、36、72}
54 と 72 の公約数は、{1、2、3、6、9、18}
の 6 個です。
よって、答えは E です。

LESSON 3　分数の計算

解答

本文 030 ページ

❶ 2　❷ 1　❸ 3　❹ 1　❺ 2　❻ 3　❼ 1
❽ 1　❾ 6　❿ 1　⓫ 15　⓬ 4　⓭ 6　⓮ 1
⓯ 30　⓰ 8　⓱ 30　⓲ 5　⓳ 30　⓴ 3
㉑ 10　㉒ 1　㉓ D

EXERCISE

本文 031 ページ

1 A　2 E　3 C

解説

1
$$\frac{1}{2} + \frac{7}{10} - \frac{2}{3}$$
3 つの分母{2、10、3}の
$$= \frac{15}{30} + \frac{21}{30} - \frac{20}{30} \quad ←最小公倍数 30 を$$
共通の分母にする
$$= \frac{16}{30}$$
$$= \frac{8}{15} \quad ←約分する$$
よって、答えは A です。

002

2

$$\frac{7}{8} \times \frac{12}{5} \div \boxed{\frac{3}{10}} = \frac{7}{8} \times \frac{12}{5} \boxed{\times \frac{10}{3}}$$

$$= \frac{7 \times \overset{3}{\cancel{12}} \times \overset{2}{\cancel{10}}}{\cancel{8} \times \cancel{5} \times \cancel{3}} = \frac{7}{1} = 7$$
$$\quad\quad \overset{2}{\cancel{8}} \quad \underset{1}{\cancel{5}} \quad \underset{1}{\cancel{3}}$$
$$\quad\quad 1$$

よって、答えは **E** です。

3

$$\frac{5}{6} + \frac{8}{15} \times \frac{21}{32}$$
$$\quad\quad\quad\quad \underset{①}{\underline{}}$$
$$\quad\quad ② \underline{}$$

$$①\cdots\cdots \frac{8}{15} \times \frac{21}{32} = \frac{\overset{1}{\cancel{8}} \times \overset{7}{\cancel{21}}}{\underset{5}{\cancel{15}} \times \underset{4}{\cancel{32}}} = \frac{7}{20}$$

$$②\cdots\cdots \frac{5}{6} + \frac{7}{20} = \frac{50}{60} + \frac{21}{60} = \frac{71}{60}$$

よって、答えは **C** です。

小数と分数の関係

LESSON 4

本文 032 ページ

❶ 5　**❷** 8　**❸** 0.625　**❹** 3　**❺** 4　**❻** 0.75

❼ $\frac{3}{4}$　**❽** 0.65　**❾** $\frac{5}{8}$　**❿** **A**

EXERCISE

本文 033 ページ

1 B　**2** D　**3** C

解説

1 $0.5 = \frac{5}{10} = \frac{1}{2}$

よって、答えは **B** です。

2 $\frac{5}{8} = 5 \div 8 = 0.625$

よって、答えは **D** です。

3 分数を小数に直します。

$$\frac{1}{4} = 1 \div 4 = 0.25 \quad\quad \frac{2}{3} = 2 \div 3 = 0.66\cdots$$

したがって、小さい順に、$\frac{1}{4}$、0.5、$\frac{2}{3}$ となります。

よって、答えは **C** です。

割合の単位（小数・分数・百分率・歩合）

LESSON 5

本文 034 ページ

❶ 0.3　**❷** 1800　**❸** 540　**❹** **C**　**❺** 260

❻ 650　**❼** 0.4　**❽** 40　**❾** **B**

EXERCISE

本文 035 ページ

1 D　**2** A

解説

1 ナスを植える面積の割合（％）を求める問題です。

畑全体の面積を 1 とすると、ナスを植える面積の割合は、

$$1 - \frac{2}{5} = \frac{5}{5} - \frac{2}{5} = \frac{3}{5}$$

なので、百分率で表すと、

$$\frac{3}{5} \times 100 = 60（\%）$$

よって、答えは **D** です。

2 男子の人数の割合（割・分・厘）を求める問題です。

全体の人数は、

$$250 + 150 = 400（人）$$

男子の人数の割合は、

$$150 \div 400 = \frac{150}{400} = \frac{3}{8} = 0.375$$

なので、歩合で表すと、3 割 7 分 5 厘です。

よって、答えは **A** です。

LESSON 6 比の性質

解答 本文 036 ページ

❶ 9 ❷ 9 ❸ 9 ❹ 9 ❺ 63 ❻ C

本文 037 ページ

1 B 2 D 3 B

解説

1 $16 ÷ 0.8 = 20$

したがって、

$$0.25 : 0.8 = \boxed{} : 16$$

（$×20$ の関係）

$\boxed{}$ に当てはまる数は、

$0.25 × 20 = 5$

よって、答えは B です。

2 $10 ÷ \dfrac{2}{7} = \dfrac{10 × 7}{2} = 35$

$$\dfrac{2}{7} : \dfrac{3}{5} = 10 : \boxed{}$$

（$×35$ の関係）

したがって、

$\boxed{}$ に当てはまる数は、

$\dfrac{3}{5} × 35 = 21$

よって、答えは D です。

3 リンゴ 1 個の値段を「リ」、モモ 1 個の値段を「モ」として、式をつくると、

リ $× 3 =$ モ $× 7$

したがって、リンゴ 1 個とモモ 1 個の値段の比は、

リ : モ $= \dfrac{1}{3} : \dfrac{1}{7}$

$\dfrac{1}{3}$ と $\dfrac{1}{7}$ に分母{3、7}の最小公倍数 21 をかけて、

$\dfrac{1}{3} : \dfrac{1}{7} = 7 : 3$

よって、答えは B です。

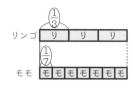

LESSON 7 相当算

解答 本文 038 ページ

❶ 84 ❷ 4 ❸ 3 ❹ 3 ❺ 84 ❻ 4
❼ 112 ❽ B

本文 039 ページ

1 E 2 C

解説

1 はじめにびんに入っていた砂糖の量を①とすると、使った砂糖 180g は 0.25 にあたるので、はじめにびんに入っていた砂糖の重さは、

$180 ÷ 0.25 = 720 (g)$

よって、答えは E です。

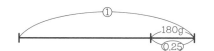

2 はじめのリボンの長さを①とすると、姉が取ったリボンの長さは $\dfrac{3}{8}$、妹が取ったリボンの長さは 0.3 にあたるので、残ったリボンの長さの割合は、

$1 - \left(\dfrac{3}{8} + 0.3 \right) = 1 - \dfrac{27}{40} = \dfrac{13}{40}$

78cm は $\dfrac{13}{40}$ にあたるので、はじめのリボンの長さは、

$78 ÷ \dfrac{13}{40} = \dfrac{78 × 40}{13} = 240 (cm)$

よって、答えは C です。

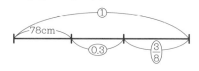

LESSON 8　つるかめ算（一方に置きかえて解く）

❶ 4　❷ 10　❸ 40　❹ 40　❺ 26　❻ 14
❼ 4　❽ 2　❾ 2　❿ 2　⓫ 14　⓬ 2　⓭ 7
⓮ B

1 E　2 B

解説

1 40 個すべてリンゴだと考えると、合計金額は、
120 × 40 = 4800（円）
実際の合計金額との差は、
4800 − 3800 = 1000（円）
リンゴが 1 個減り、
ミカンが 1 個増えるごとに合計金額は、
（120 − 80 =）40 円ずつ減るので、
ミカンの数は、
1000 ÷（120 − 80）= 25（個）
よって、答えは E です。

2 50 問すべて正解だったとすると、合計得点は、
20 × 50 = 1000（点）
実際の得点との差は、
1000 − 700 = 300（点）
正解 1 問を、間違い 1 問に置きかえると、
・間違いが 1 問増える → 5 点減る
・正解が 1 問減る → 20 点減る
したがって、合計（5 + 20 =）25 点ずつ減るの
で、間違えた問題の数は、
300 ÷（5 + 20）= 12（問）
よって、答えは B です。

LESSON 9　年齢算（年齢を求める）

❶ 5　❷ 40　❸ 40　❹ 5　❺ 5　❻ 10　❼ A

1 A　2 D

解説

1 9 年後には、母も子も 9 歳ずつ年を取ってい
るので、9 年後の 2 人の年齢の和は、
30 + 9 × 2 = 48（歳）
9 年後の子の年齢を①とすると、9 年後の母
の年齢は③にあたり、9 年後の 2 人の年齢の
和 48 歳は（1 + 3 =）④にあたります。
したがって、9 年後の子の年齢（①）は、
48 ÷ 4 = 12（歳）
現在の子の年齢は、
① − 9 = 12 − 9 = 3（歳）
よって、答えは A です。

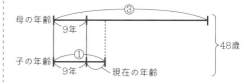

2 10 年前の 2 人の年齢の和は、
36 − 10 × 2 = 16（歳）
10 年前の弟の年齢を①とすると、10 年前の
私の年齢は③にあたり、10 年前の 2 人の年齢
の和 16 歳は（1 + 3 =）④にあたります。
したがって、10 年前の弟の年齢（①）は、
16 ÷ 4 = 4（歳）
現在の私の年齢は、
10 + ③ = 10 + 4 × 3 = 22（歳）
よって、答えは D です。

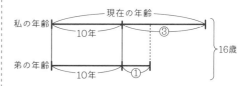

LESSON 10 年齢算（何年前・何年後を求める）

解答   本文044ページ

❶ 41　❷ 9　❸ 32　❹ 32　❺ 16　❻ 16
❼ 7　❽ c

EXERCISE   本文045ページ

1 D　**2** A

解説

1 現在の父の年齢は太郎の年齢の4倍なので、
9×4＝36（歳）
太郎も父も同じだけ年を取るので、2人の年齢の差はつねに、
36－9＝27（歳）
父の年齢が太郎の年齢の2倍になるとき、太郎の年齢を①とすると、父の年齢は②にあたり、2人の年齢の差27歳は(2－1＝)①にあたります。
したがって、2倍になるのは、今から、
①－9＝27×1－9＝18（年後）
よって、答えは D です。

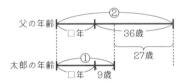

2 現在の母と子の年齢の差は、
39－12＝27（歳）
2人の年齢の差はつねに27歳なので、母の年齢が子の年齢の4倍であったとき、子の年齢を①とすると、母の年齢は④にあたり、2人の年齢の差27歳は(4－1＝)③にあたります。
したがって、4倍であったのは、今から
12－①＝12－27÷3＝3（年前）
よって、答えは A です。

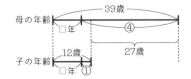

LESSON 11 損益計算（損益算）

解答   本文046ページ

❶ 0.2　❷ 1　❸ 1.2　❹ 1500　❺ 1.2
❻ 1800　❼ c

EXERCISE   本文047ページ

1 B　**2** B

解説

1 5割を小数で表すと0.5なので、仕入れ値を①とすると、定価は仕入れ値の(1＋0.5＝)1.5倍にあたります。したがって、定価は、
2000×(1＋0.5)＝3000（円）
3割を小数で表すと0.3なので、定価を①とすると、売り値は定価の(1－0.3＝)0.7倍にあたります。したがって、売り値は、
3000×(1－0.3)＝2100（円）
よって、答えは B です。

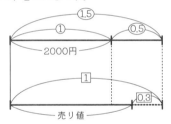

2 仕入れ値の合計は、
200×500＝100000（円）
1個の定価は、200×(1＋0.4)＝280（円）
値引き後の1個の売り値は、
280×(1－0.3)＝196（円）
280円で300個売り、196円で(500－300＝)200個売ったので、売上高は、
280×300＋196×(500－300)＝123200（円）
したがって、利益は、
123200－100000＝23200（円）
よって、答えは B です。

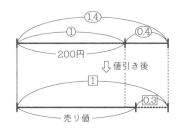

（右上）と解いていくと、時間がかかってしまいます。

損益計算（代金の精算）

解答

本文 048 ページ

❶ 15000 ❷ 9000 ❸ 24000 ❹ 24000
❺ 3 ❻ 8000 ❼ 15000 ❽ 8000 ❾ 7000
❿ 9000 ⓫ 8000 ⓬ 1000 ⓭ 7000
⓮ 1000 ⓯ Ｂ

EXERCISE

本文 049 ページ

1 Ｂ

解説

1 支払い総額は、
36000 + 21000 + 9000 = 66000（円）
3 人同額ずつ負担するときの 1 人あたりの負担額は、
66000 ÷ 3 = 22000（円）
太郎は 1 人あたりの負担額より（36000 – 22000 = ）14000 円多く支払っているので、
次郎は、（22000 – 21000 = ）1000 円を太郎にわたす。
三郎は、（22000 – 9000 = ）13000 円を太郎にわたす。
よって、答えは Ｂ です。

《注意》3 人が支払った金額ごとに考えないようにしましょう。
旅費：36000 ÷ 3 = 12000（円）
……三郎と次郎が太郎にわたす。
食費：21000 ÷ 3 = 7000（円）
……太郎と三郎が次郎にわたす。
雑費：9000 ÷ 3 = 3000（円）
…太郎と次郎が三郎にわたす。

13 損益計算（団体割引）

解答

本文 050 ページ

❶ 600 ❷ 0.3 ❸ 180 ❹ 4500 ❺ 180
❻ 25 ❼ 20 ❽ 25 ❾ 45 ❿ Ｄ

※❼と❽は順不同

EXERCISE

本文 051 ページ

1 Ｂ **2** Ｃ

解説

1 子どもの入園料は（2000 ÷ 2 = ）1000 円です。
大人 15 人、子ども 25 人が入園したので、正規の入園料の総額は、
2000 × 15 + 1000 × 25 = 30000 + 25000
= 55000（円）
正規の入園料の総額を①とすると、実際の入園料の総額は
55000 × (1 – 0.1) = 49500（円）
よって、答えは Ｂ です。

2 正規の入館料を①とすると、1 人あたりの割引額は、
800 × 0.1 = 80（円）
割引が 1 人増えるごとに総額が 80 円ずつ安くなっていきます。
50 人が 1 つの団体として入館する場合、割引を受ける人は、
50 – 20 = 30（人）
25 人ずつ 2 つの団体として入場する場合、割引を受ける人は、
(25 – 20) × 2 = 10（人）
割引を受ける人数の差は、30 – 10 = 20（人）
したがって、1 人あたりの割引額は 80 円なので、入館料の総額の差は、
80 × 20 = 1600（円）
よって、答えは Ｃ です。

損益計算（分割払い）

解答 本文 052 ページ

❶ $\dfrac{1}{4}$ ❷ $\dfrac{3}{4}$ ❸ 6 ❹ 4 ❺ 3 ❻ 6 ❼ 4

❽ 6 ❾ 3 ❿ 8 ⓫ 1 ⓬ Ａ

 本文 053 ページ

1 Ｄ 2 Ｃ

解説

1 支払い総額を①とすると、2回目以降の支払い額の割合は、

$$1-\dfrac{1}{5}=\dfrac{4}{5}$$

均等に支払うのは（6−1＝）5回なので、2回目以降の1回分の割合は、

$$\dfrac{4}{5}\div5=\dfrac{4}{5\times5}=\dfrac{4}{25}$$

よって、答えは Ｄ です。

2 支払い総額を①とすると、2回目以降の支払い額の割合は、

$$1-\dfrac{1}{7}=\dfrac{6}{7}$$

均等に支払うのは（10−1＝）9回なので、2回目以降の1回分の割合は、

$$\dfrac{6}{7}\div9=\dfrac{6}{7\times9}=\dfrac{2}{21}$$

7回目の支払いが終了した時点で残りは（10−7＝）3回なので、残額の割合は、

$$\dfrac{2}{21}\times3=\dfrac{2\times3}{21}=\dfrac{2}{7}$$

よって、答えは Ｃ です。

 速さ（速さの表し方）

解答 本文 054 ページ

❶ $\dfrac{10}{3}$ ❷ 800 ❸ 3 ❹ 10 ❺ 10 ❻ 800

❼ 3 ❽ 240 ❾ 240 ❿ 60 ⓫ 1000

⓬ 14.4 ⓭ Ｃ

EXERCISE 本文 055 ページ

1 Ｃ 2 Ｄ 3 Ｂ

解説

1 速さの単位は「秒速□ m」で答えるので、時速を秒速に、km を m に直します。「分速＝時速÷60」、「秒速＝分速÷60」、「1km＝1000m」なので、秒速は、

$$72\div60\div60\times1000=20(m)$$

よって、答えは Ｃ です。

2 速さは「速さ＝道のり÷時間」で求めます。

12 分 $=\dfrac{12}{60}$ 時間 $=\dfrac{1}{5}$ 時間なので、時速は、

$$6\div\dfrac{1}{5}=\dfrac{6\times5}{1}=30(km)$$

よって、答えは Ｄ です。

3 道のりは「道のり＝速さ×時間」で求めます。

12 分 40 秒 $=12\dfrac{40}{60}$ 分 $=12\dfrac{2}{3}$ 分 $=\dfrac{38}{3}$ 分なので、道のりは、

$$150\times\dfrac{38}{3}=\dfrac{150\times38}{3}=1900(m)$$

「1km＝1000m」なので、

$$1900\div1000=1.9(km)$$

よって、答えは Ｂ です。

LESSON 16 速さ（平均速度）

解答 本文 056 ページ

❶ 18 ❷ 9 ❸ 2 ❹ 18 ❺ 6 ❻ 3 ❼ 5
❽ 18 ❾ 2 ❿ 36 ⓫ 36 ⓬ 5 ⓭ 7.2
⓮ B ※❽と❾は順不同

EXERCISE 本文 057 ページ

1 C **2** B

解説

1 行きにかかった時間は、24÷4＝6(時間)
行きにかかった時間は、24÷6＝4(時間)
往復にかかった時間は、6＋4＝10(時間)
また、往復の道のりは、24×2＝48(km)
したがって、往復の平均の速さは、時速、
48÷10＝4.8(km)
よって、答えは **C** です。

2 往復の道のりは、120×2＝240(km)
往復の平均の速さは時速 48km なので、
往復にかかった時間は、
240÷48＝5(時間)
また、行きにかかった時間は、
120÷40＝3(時間)
なので、帰りにかかった時間は、
5－3＝2(時間)
したがって、帰りの進む速さは、時速、
120÷2＝60(km)
よって、答えは **B** です。

LESSON 17 速さ（旅人算）

解答 本文 058 ページ

❶ 90 ❷ 60 ❸ 150 ❹ 2400 ❺ 150
❻ 16 ❼ A

EXERCISE 本文 059 ページ

1 C **2** A

解説

1 同じ方向に進むので、追いこしの場合で考え
ます。弟が出発するとき、姉は、(60×10
＝)600m 進んでいます。弟は毎分(100－60
＝)40m で姉に近づくので、600m の差から、
弟が姉に追いつくのは、
600÷40＝15(分後)
弟が姉に追いついたとき、2 人同時に駅に着
いたので、家から駅までの道のりは、
100×15＝1500(m)
よって、答えは **C** です。

2 反対の方向に回ると 6 分後に出会うので、6
分で 2 人が進んだ道のりの和は 840m です。
2 人の速さの和は、分速、
840÷6＝140(m)
同じ方向に回ると 42 分後に一郎が次郎を追い
こすので、42 分で 2 人が進んだ道のりの差は
840m です。2 人の速さの差は、分速、
840÷42＝20(m)
したがって、遅いほうの次郎の速さは、分速、
(140－20)÷2＝60(m)
よって、答えは **A** です。

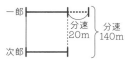

一郎の速さを次郎にそろえると、2 人の速さの
和は分速(140－20＝)120m になるので、次
郎の速さは、分速、
(140－20)÷2＝60(m)
と求められます。

009

<table>
<tr><td>

LESSON 18 速さ（通過算）

解答

本文 060 ページ

❶ 20　❷ 45　❸ 900　❹ 900　❺ 740
❻ 160　❼ B

EXERCISE

本文 061 ページ

1 E　　2 D

解説

1 電柱のように、長さがないものの前を通過する場合、電車の進む道のりは、電車の長さと等しいので、120m です。
したがって、電車の速さは、秒速、
120÷6＝20（m）
また、鉄橋のように、長さがあるものの中を通過する場合、電車の進む道のりは、通過するもの（鉄橋）の長さと電車の長さの和になるので、（120＋480＝）600m です。
したがって、かかる時間は、
（120＋480）÷20＝30（秒）
よって、答えは E です。

2 電車どうしがすれ違う場合、2 つの電車が進む距離の和は、2 つの電車の長さの和（260＋100＝）360m になるので、電車 A と電車 B の速さの和は、秒速、
（260＋100）÷8＝45（m）
電車 A の速さは秒速 15m なので、電車 B の速さは、秒速、
45－15＝30（m）
よって、答えは D です。

</td><td>

LESSON 19 速さ（流水算）

解答

本文 062 ページ

❶ 24　❷ 3　❸ 8　❹ 10　❺ 8　❻ 2　❼ A

EXERCISE

本文 063 ページ

1 D　　2 D

解説

1 船の上りの速さと下りの速さはそれぞれ、時速、
12－3＝9（km）……上りの速さ
12＋3＝15（km）……下りの速さ
上りと下りにかかる時間はそれぞれ、
45÷9＝5（時間）……上りの時間
45÷15＝3（時間）……下りの時間
したがって、往復にかかる時間は、
5＋3＝8（時間）
よって、答えは D です。

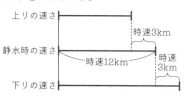

2 船の上りの速さと下りの速さはそれぞれ、時速、
54÷3＝18（km）……上りの速さ
54÷1.8＝30（km）……下りの速さ
したがって、静水時の速さは「静水時の速さ＝（上りの速さ＋下りの速さ）÷2」で求められるので、時速、
（18＋30）÷2＝24（km）
よって、答えは D です。

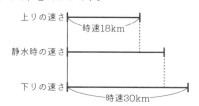

</td></tr>
</table>

LESSON 20 濃さ（濃さの異なる食塩水）

解答

本文 064 ページ

❶ 200　❷ 0.06　❸ 12　❹ 600　❺ 0.14
❻ 84　❼ 800　❽ 96　❾ 96　❿ 800　⓫ 12
⓬ D

本文 065 ページ

1 D　**2** B

解説

1 3％、17％は、もとにする量を①とすると
⟨0.03⟩、⟨0.17⟩なので、
$200 \times 0.03 = 6(g)$
……3％の食塩水に含まれる食塩の重さ
$500 \times 0.17 = 85(g)$
……17％の食塩水に含まれる食塩の重さ
混ぜた食塩水の重さは、$200 + 500 = 700(g)$
混ぜた食塩水に含まれる食塩の重さは、
$6 + 85 = 91(g)$
したがって、混ぜた食塩水の濃さは、
$91 \div 700 \times 100 = 13(\%)$
よって、答えは D です。

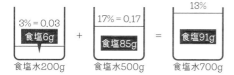

2 3％、5％は、もとにする量を①とすると⟨0.03⟩、
⟨0.05⟩なので、3％の食塩水に含まれる食塩の重
さは、$100 \times 0.03 = 3(g)$
また、混ぜた食塩水の重さは、（100 + 200
＝）300g なので、この食塩水に含まれる食塩
の重さは、$300 \times 0.05 = 15(g)$
したがって、加えた食塩水に含まれる食塩の
重さは、
$15 - 3 = 12(g)$
加えた食塩水の濃さは、
$12 \div 200 \times 100 = 6(\%)$
よって、答えは B です。

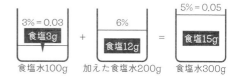

LESSON 21 濃さ（食塩水と水・食塩）

解答

本文 066 ページ

❶ 300　❷ 0.04　❸ 12　❹ 12　❺ 0.05
❻ 240　❼ 300　❽ 240　❾ 60　❿ B

本文 067 ページ

1 D　**2** C

解説

1 5％の食塩水に含まれる食塩の重さは、
$200 \times 0.05 = 10(g)$
なので、加えた後の食塩の重さは、
$10 + 50 = 60(g)$
食塩を加えても水の重さは変わらないので、
加えた後の食塩水の重さは、
$200 + 50 = 250(g)$
したがって、加えた後の食塩水の濃さは、
$60 \div 250 \times 100 = 24(\%)$
よって、答えは D です。

2 15％の食塩水に含まれる食塩の重さは、
$200 \times 0.15 = 30(g)$
水を加えても食塩の重さは変わらないので、
加えた後の食塩水の重さは、
$200 + 50 = 250(g)$
したがって、加えた後の食塩水の濃さは、
$30 \div 250 \times 100 = 12(\%)$
よって、答えは C です。

15% = 0.15

食塩30g（食塩水200g）＋ 水50g ＝ 12% 食塩30g（食塩水250g）

22 仕事算（2人の場合）

解答

本文 068 ページ

❶ 12　❷ 12　❸ 6　❹ 2　❺ 12　❻ 12
❼ 1　❽ 3　❾ 12　❿ 3　⓫ 4　⓬ C

本文 069 ページ

| 1 B | 2 C |

解 説

1 全体の仕事量を、84 と 60
の最小公倍数の 420 とすると、
A の 1 分あたりの仕事量は、
420 ÷ 84 = 5
B の 1 分あたりの仕事
量は、
420 ÷ 60 = 7
したがって、A と B が一緒に仕事をするとき
の 1 分あたりの仕事量は、
5 + 7 = 12
A と B が一緒に仕事をするときにかかる時間は、
420 ÷ 12 = 35（分）
よって、答えは B です。

```
2 ) 84  60
2 ) 42  30
3 ) 21  15
      7   5
（最小公倍数）
2×2×3×7×5＝420
```

2 全体の仕事量を、15 と 6 の
最小公倍数で 30 とすると、
花子の 1 日あたりの仕事量は、
30 ÷ 15 = 2
太郎と花子 2 人の 1 日あたりの仕事量は、
30 ÷ 6 = 5
したがって、太郎の 1 日あたりの仕事量は、
5 - 2 = 3
太郎が 1 人で仕事をするときにかかる時間は、
30 ÷ 3 = 10（日）
よって、答えは C です。

```
3 ) 15  6
      5  2
（最小公倍数）
3×5×2＝30
```

23 仕事算（3人以上の場合）

解 答

本文 070 ページ

❶ 60　❷ 60　❸ 15　❹ 4　❺ 60　❻ 12
❼ 5　❽ 60　❾ 10　❿ 6　⓫ 6　⓬ 5　⓭ 1
⓮ 6　⓯ 4　⓰ 2　⓱ 6　⓲ 1　⓳ 2　⓴ 3
㉑ 60　㉒ 3　㉓ 20　㉔ B

EXERCISE

本文 071 ページ

| 1 C | 2 E |

解 説

1 全体の仕事量を、15、10、18 の最小公倍数
の 90 とすると、
A の 1 日あたりの仕事量は、90 ÷ 15 = 6
B の 1 日あたりの仕事量は、90 ÷ 10 = 9
C の 1 日あたりの仕事量は、90 ÷ 18 = 5
A と B が 2 人で 5 日働いた仕事量は、
（6 + 9）× 5 = 75
なので、残っている仕事量は、90 - 75 = 15
したがって、C が 1 人で残りの仕事をするの
にかかる時間は、15 ÷ 5 = 3（日）
仕事を始めてから終えるまでにかかる日数は、
5 + 3 = 8（日）
よって、答えは C です。

2 全体の仕事量を、40、30、20 の最小公倍数
の 120 とすると、
A と B 2 人の 1 日あたりの仕事量は、
120 ÷ 40 = 3
B と C 2 人の 1 日あたりの仕事量は、
120 ÷ 30 = 4
A、B、C 3 人の 1 日あたりの仕事量は、
120 ÷ 20 = 6
また、
A の 1 日あたりの仕事量は、6 - 4 = 2
B の 1 日あたりの仕事量は、3 - 2 = 1
したがって、B 1 人でこの仕事をするときに
かかる日数は、120 ÷ 1 = 120（日）
よって、答えは E です。

LESSON 24 仕事算（ニュートン算）

解答 本文 072 ページ

❶120 ❷120 ❸24 ❹5 ❺120 ❻30
❼4 ❽120 ❾40 ❿3 ⓫6 ⓬120
⓭6 ⓮20 ⓯ **B**

EXERCISE 本文 073 ページ

1 A **2** E

解説

1 全体の仕事量を、4 と 6 の最小公倍数の 12 と
すると、
A が 1 時間に入れる水の量は、12÷4＝3
B が 1 時間にくみ出す水の量は、12÷6＝2
ポンプ A 2 台とポンプ B 1 台を同時に使って、
1 時間にたまる水の量は、
3×2−2＝4
したがって、水槽が満水になるのは、
12÷4＝3（時間）
よって、答えは **A** です。

2 全体の仕事量を、36 と 45 の最小公倍数の
180 とすると、
A 管、B 管が 1 分に入れる水の量は、
180÷36＝5……A
180÷45＝4……B
A 管と B 管の両方で 16 分間に入れた水の量は、
（5＋4）×16＝144
18 分たったとき、水槽の中にたまっていた水
の量は（180−144＝）36 なので、A 管と C 管
を同時に使って 1 分にたまる水の量は、
36÷18＝2
したがって、C 管が 1 分にくみ出す水の量は
（5−2＝）3 なので、C 管が満水の水槽を空に
するのにかかる時間は、
180÷3＝60（分）
よって、答えは **E** です。

LESSON 25 場合の数（順列）

解答 本文 074 ページ

❶10 ❷9 ❸8 ❹720 ❺ **D** ❻6 ❼5
❽4 ❾3 ❿2 ⓫1 ⓬720 ⓭ **D**

EXERCISE 本文 075 ページ

1 C **2** B

解説

1 左端から順に 4 人並べると考えると、1 番目は、
9 人のうち誰を選んでもよいので 9 通り、2 番
目は、1 番目に選ばれた 1 人を除く 8 人のう
ち誰を選んでもよいので 8 通りずつ、3 番目
は 1、2 番目に選ばれた 2 人を除く 7 人のう
ち誰を選んでもよいので 7 通りずつ、4 番目は、
1 〜 3 番目に選ばれた 3 人を除く 6 人のうち
誰を選んでもよいので 6 通りずつとなります。
したがって、
$_9P_4＝9×8×7×6＝3024$
よって、答えは **C** です。

2 両端を除く、子ども 4 人の並び方は、$_4P_4$ 通り
です。
そのおのおのに対して、両端の父と母の並び
方は、{父、母}、{母、父}の 2 通りあります。
したがって、
$_4P_4×2＝4!×2＝4×3×2×1×2＝48$（通り）
よって、答えは **B** です。

LESSON 26 場合の数（組合せ）

解答 本文 076 ページ

❶3 ❷2 ❸1 ❹8 ❺7 ❻6 ❼56
❽ **A** ❾5 ❿4 ⓫3 ⓬2 ⓭1 ⓮9
⓯8 ⓰7 ⓱6 ⓲5 ⓳126 ⓴ **C**

EXERCISE 本文 077 ページ

1 C **2** E

1 並ぶ順序を考えずに 10 人から 3 人を選ぶの
で、選び方の総数は、

$$_{10}C_3 = \frac{10 \times 9 \times 8}{3 \times 2 \times 1} = 120（通り）$$

よって、答えは **C** です。

2 並ぶ順序を考えずに 8 チームから 2 チームを
選ぶので、試合の総数は、

$$_8C_2 = \frac{8 \times 7}{2 \times 1} = 28（試合）$$

よって、答えは **E** です。

---

27 場合の数（和と積の法則）

解答　　　　　　　　　　　　　本文 078 ページ

❶ 24 ❷ 36 ❸ (3、4)、(4、3)、(6、2)
❹ (4、6)、(6、4) ❺ (6、6) ❻ 4 ❼ 2
❽ 1 ❾ 7 ❿ **C**

EXERCISE　　　　　　　　　　　本文 079 ページ

1 B **2** D

解説

1 3 個の目の積が奇数になるのは、3 個とも奇数
の目が出る場合です。
1 個のさいころで、奇数の目の出方は 1、3、
5 の 3 通りです。
これらの事柄はともに起こるので、目の積が
奇数になる目の出方は、
3 × 3 × 3 = 27（通り）
よって、答えは **B** です。

2 6 人から 3 人を選ぶ選び方は、$_6C_3$ 通り
残りの 3 人から 2 人を選ぶ選び方は、$_3C_2$ 通り
3 人の組、2 人の組が決まれば、残りの 1 人
は自動的に決まるので、分け方の総数は、

$$_6C_3 \times {}_3C_2 = \frac{6 \times 5 \times 4}{3 \times 2 \times 1} \times \frac{3 \times 2}{2 \times 1} = 20 \times 3 = 60（通り）$$

よって、答えは **D** です。

---

28 場合の数（円順列）

解答　　　　　　　　　　　　　本文 080 ページ

❶ 5 ❷ 4 ❸ 3 ❹ 2 ❺ 1 ❻ 24 ❼ **A**

EXERCISE　　　　　　　　　　　本文 081 ページ

1 E **2** B

解説

1 1 個の玉を右の図のよう
に固定して考えると、求
める並べ方の総数は、残
りの 5 個の玉を 5 か所に
並べる順列の総数に等し
いので、

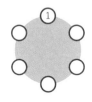

(6 − 1)! = 5! = 5 × 4 × 3 × 2 × 1 = 120（通り）
よって、答えは **E** です。

2 中心オのぬり方は、5 通り
残りのア、イ、ウ、エの 4 か所は、円形に色
をぬり分ける場合と同じように考えて、
(4 − 1)! 通り
したがって、5 色全部を使ってぬり分ける方
法は、
5 × (4 − 1)! = 5 × 3! = 5 × 3 × 2 × 1 = 30（通り）
よって、答えは **B** です。

---

29 場合の数（重複順列）

解答　　　　　　　　　　　　　本文 082 ページ

❶ 4 ❷ 4 ❸ 4 ❹ 4 ❺ 64 ❻ **D**

EXERCISE　　　　　　　　　　　本文 083 ページ

1 E **2** D

解説

1 A ～ J の 10 人の部屋の選び方は、それぞれ赤、
黒の 2 通りあるので、分け方は、
$2^{10} = 1024$（通り）
ただし、10 人全員が赤の部屋、または黒の部

屋になる場合は含まれないので、

1024 − 2 = 1022（通り）

よって、答えは **E** です。

2 3人の子どもをP、Q、Rとすると、6個のお
かしが配られる方法は、それぞれP、Q、R
の3通りあるので、分け方は、

$3^6 = 729$（通り）

この中には、1人の子どもが6個のおかしを
すべてもらう場合も含まれますが、おかしを
1個ももらえない子どもがいてもよいものと
するので、729通りとなります。

よって、答えは **D** です。

 30 確率（和と積の法則）

本文 084 ページ

❶ $_7C_2$ **❷** 2 **❸** 1 **❹** 7 **❺** 6 **❻** 21 **❼** $_5C_1$

❽ 5 **❾** $_2C_1$ **❿** 2 **⓫** $\dfrac{10}{21}$ **⓬** D

本文 085 ページ

1 A **2** E

解説

1 赤玉4個と白玉6個の合計10個から同時に3
個取り出す組合せは、

$$_{10}C_3 = \frac{10 \times 9 \times 8}{3 \times 2 \times 1} = 120（通り）$$

赤玉4個から1個取り出す組合せは、

$$_4C_1 = \frac{4}{1} = 4（通り）$$

白玉6個から2個取り出す組合せは、

$$_6C_2 = \frac{6 \times 5}{2 \times 1} = 15（通り）$$

したがって、求める確率は、$\dfrac{4 \times 15}{120} = \dfrac{1}{2}$

よって、答えは **A** です。

2 4人の手の出し方は、グー、チョキ、パーの3
通りあるので、全部で、

$3^4 = 81$（通り）

1人だけ勝つ場合、4人のうち誰が勝つかで4
通りあり、そのおのおのに対して、グー、チョ
キ、パーの3通りの勝ち方があるので、1人
だけが勝つ場合は、

$4 \times 3 = 12$（通り）

したがって、求める確率は、$\dfrac{12}{81} = \dfrac{4}{27}$

よって、答えは **E** です。

 31 確率（余事象）

本文 086 ページ

❶ 6 **❷** 6 **❸** 36 **❹** 3 **❺** 3 **❻** 9 **❼** 36

❽ 9 **❾** 4 **❿** 1 **⓫** 1 **⓬** 4 **⓭** 3 **⓮** A

本文 087 ページ

1 E **2** B

解説

1 「同じ目が出ない」という事象は「同じ目が出
る」という事象の余事象なので、まず、同じ
目が出る確率を考えます。

2個のさいころの目の出方の総数は、

$6 \times 6 = 36$（通り）

同じ目が出るのは、（1、1）、（2、2）、（3、3）、
（4、4）、（5、5）、（6、6）の6通り。

したがって、同じ目が出る確率は、$\dfrac{6}{36} = \dfrac{1}{6}$

求める確率は、$1 - \dfrac{1}{6} = \dfrac{5}{6}$

よって、答えは **E** です。

2 「少なくとも1本当たる」という事象は「3本
ともはずれる」という事象の余事象なので、
まず、3本ともはずれる確率を考えます。

10本のくじから3本のくじを引く方法は、

$$_{10}C_3 = \frac{10 \times 9 \times 8}{3 \times 2 \times 1} = 120（通り）$$

7本のはずれくじから3本引く方法は、

$$_7C_3 = \frac{7 \times 6 \times 5}{3 \times 2 \times 1} = 35（通り）$$

したがって、3本ともはずれる確率は、

$$\frac{35}{120}=\frac{7}{24}$$

求める確率は、$1-\frac{7}{24}=\frac{17}{24}$

よって、答えは **B** です。

LESSON 32 集合(ベン図)

解答

本文 088 ページ

❶ 28 　**❷** 18 　**❸** 10 　**❹** 40 　**❺** 13

❻ 27 　**❼** 27 　**❽** 9 　**❾** 19 　**❿** B

EXERCISE

本文 089 ページ

1 C 　**2** E

解説

1 ベン図で表すと、下のようになります。

犬も猫も飼っている人(図の斜線部分)が最も少ない場合は、犬も猫も飼っていない人(図の白の部分)が 0 人の場合なので、

48 + 39 − 80 = 7(人)

よって、答えは **C** です。

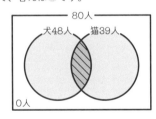

2 ベン図で表すと、右上のようになります。

3 問とも正解しなかった人(図の白の部分)は 2 人なので、A、B、C の少なくとも 1 問を正解した人は、

100 − 2 = 98(人)

したがって、A と B の少なくとも 1 問を正解した人(図の太線で囲まれた部分)は 85 人なので、C だけ正解した人(図の斜線部分)は、

98 − 85 = 13(人)

よって、答えは **E** です。

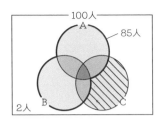

LESSON 33 推論(条件の限定)

解答

本文 090 ページ

❶ ① 　**❷** ② 　**❸** ② 　**❹** Y 　**❺** X 　**❻** X

❼ Y 　**❽** X 　**❾** Y 　**❿** B

EXERCISE

本文 091 ページ

1 A

解説

1 条件が限定する範囲を図で表すと、下のようになります。

限定範囲のせまいほうが正しいとき、広いほうも必ず正しくなるので、

推論ア「X が正しければ Z も必ず正しい。」は成り立ちます。

推論イ「Y が正しければ X も必ず正しい。」は成り立ちません。2 枚引いて赤と青だったとしても、3 枚目は赤でも青でもないかもしれません。

推論ウ「X が正しければ Y も必ず正しい。」は成り立ちません。3 枚引いて 2 色だったとしても、それが赤と青とはかぎりません。

したがって、アだけが正しいです。

よって、答えは **A** です。

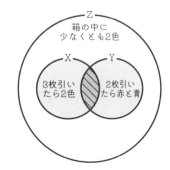

LESSON 34 推論（場合分け）

解答　　　　　　　　　　　　本文 092 ページ

❶ 100　**❷** Q　**❸** 100　**❹** イ　**❺** ア　**❻** D

EXERCISE　　　　　　　　　本文 093 ページ

1 B

解説

1 1人が2つの雑誌を定期購読しているので、3人で6つの雑誌を購読していることになります。発言Xより、誰も購読していない雑誌はないので、購読している人数の組合せは、雑誌ごとに、

{3人、1人、1人、1人}、
{2人、2人、1人、1人}

の2通りとなります。

推論アは、成り立たない場合があります。たとえば、太郎がPとSを購読し、次郎がQとRを購読し、花子がPとQを購読する場合も考えられます。

推論イは、すべての場合で成り立ちます。上記の2通りの人数の組合せから、1人だけが購読している雑誌が2誌または3誌あることがわかります。

推論ウは、成り立たない場合があります。推論アで説明した例の場合が、同様に考えられます。

したがって、イだけが正しいです。

よって、答えは B です。

LESSON 35 推論（順位）

解答　　　　　　　　　　　　本文 094 ページ

❶ 2　**❷** 3　**❸** P　**❹** S　**❺** Q　**❻** R　**❼** P
❽ Q　**❾** S　**❿** R　**⓫** 1　**⓬** A

EXERCISE　　　　　　　　　本文 095 ページ

1 C

解説

1 「間には3人いました」とあるので、下の図のように、P、Q、T、Uのそれぞれに、1位、2位、5位、6位の可能性があることがわかります。また、RとSは、3位か4位のどちらかです。

推論 A 、 B 、 D 、 F は、図のように、成り立たない場合があります。

推論 E は、図のように、成り立たない（Qが6位になる）場合があります。

推論 C は、成り立ちます。

よって、答えは C です。

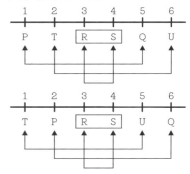

PとQ、TとU、RとSは、それぞれ入れかえが可能。

LESSON 36 推論（位置関係）

解答　　　　　　　　　　　　本文 096 ページ

❶ P　**❷** Q　**❸** イ　正しくない
❹ ア　正しくない　**❺** エ　正しい
❻ エ　正しくない　**❼** C

EXERCISE　　　　　　　　　本文 097 ページ

1 F

解説

1 i と iv より、アは1階の右端か左端の部屋、イは2階のアから最も離れた部屋、エはアの真上の部屋とわかります。これを図で表すと、次ページのようになります。

201 エ	202	203
101 ア	102	103

201	202	203 イ
101	102	103

201	202	203 イ
101	102	103 ア

また、iiとiiiより、オとカはとなりどうしなので、2人は1階の空いている2部屋で、そのうち、オの部屋は奇数番号の101か103、つまり端の部屋であることがわかります。したがって、カは101、103のどちらともとなり合う102号室に決まります。

よって、答えは**F**です。

201 エ	202 ウ	203 イ
101 ア	102 カ	103 オ

201 イ	202 ウ	203 エ
101 オ	102 カ	103 ア

推論(内訳)

解答　　　　　　　　　　本文 098 ページ

❶赤　❷青　❸黄　❹7　❺赤　❻黄

❼1、5、1　❽2、3、2　❾3、1、3

❿赤　⓫青　⓬3、1、3　⓭1　⓮**A**

※❼〜❾は順不同

EXERCISE　　　　　　　本文 099 ページ

1 **E**

解説

1 ミカンを「ミ」、リンゴを「リ」、カキを「カ」として式を作ると、問題文より、

ミ＋リ＋カ＝15(個)

ミ・リ・カ＞0

ミ＞リ・カ

推論アは、成り立ちません。「ミ・リ・カ＞0」より、リンゴとカキが少なくとも1個ずつ入っているので、ミカンの個数は最も多くて、

15−(1＋1)＝13(個)

になります。

推論イは、成り立ちます。仮にリンゴが7個の場合、「ミ＞リ・カ」より、ミカンは最も少なくて8個になりますが、このとき、カキは(15

−7−8＝)0個になるので、「ミ・リ・カ＞0」に反します。したがって、リンゴの個数は6個以下です。

推論ウは、成り立ちます。仮にミカンが5個の場合、「ミ＞リ・カ」より、リンゴとカキは、どちらも最も多くて4個になりますが、このとき、合計は(5＋4＋4＝)13個になるので、「ミ＋リ＋カ＝15(個)」に反します。したがって、ミカンの個数は最も少なくて6個です。

したがって、イとウが正しいです。

よって、答えは**E**です。

LESSON 38 推論(平均)

解答　　　　　　　　　　本文 100 ページ

❶78　❷5　❸390　❹75　❺4　❻300

❼390　❽300　❾90　❿**C**

EXERCISE　　　　　　　本文 101 ページ

1 **B**

解説

1 推論アは、成り立ちません。iより、2クラス全体の平均点は、

$(72 \times 40 + 68 \times 50) \div 90 = 69.77\cdots$(点)

推論イは、成り立ちます。iiより、A組の男子の合計点は$(75 \times 25 =)$ 1875点、iより、A組の全体の合計点は$(72 \times 40 =)$ 2880点なので、A組の女子の平均点は、

$(72 \times 40 - 75 \times 25) \div 15 = 67$(点)

推論ウは、成り立ちません。iより、B組の全体の合計点は$(68 \times 50 =)$ 3400点なので、iiiより、B組の不合格者10人が全員59点だったとすると、B組の合格者$(50 - 10 =)$ 40人の平均点は、

$(68 \times 50 - 59 \times 10) \div (50 - 10) = 70.25$(点)

よって、答えは**B**です。

LESSON 39 推論（人口密度）

本文 102 ページ

解答

❶ 380　❷ 760　❸ 200　❹ 200　❺ 180
❻ 180　❼ 760　❽ 200　❾ 3.8　❿ 2S　⓫ S
⓬ S　⓭ 2S　⓮ S　⓯ S　⓰ 285　⓱ A

本文 103 ページ

EXERCISE

1 A

解説

1　P 市と Q 市の人口密度は、
　　$96000 \div 1000 = 96$（人／km²）……P 市
　　$24000 \div 800 = 30$（人／km²）……Q 市
　　R 市の人口密度は P 市と等しいので、
　　96 人／km²
　　したがって、推論アは、成り立ちます。
　　3 つの市の人口の合計は、
　　$96000 + 24000 + 120000 = 240000$（人）
　　R 市の面積は、$120000 \div 96 = 1250$（km²）
　　なので、3 つの市の面積の合計は、
　　$1000 + 800 + 1250 = 3050$（km²）
　　3 つの市全体の人口密度は、
　　$(96000 + 24000 + 120000) \div (1000 + 800 + 1250) = 78.6$……（人／km²）
　　したがって、推論イは、成り立ちます。
　　よって、答えは A です。

LESSON 40 表やグラフの読み取り（必要な情報を見つけ出す）

解答

本文 104 ページ

❶ 3.0　❷ 30　❸ 100　❹ 90　❺ 200
❻ 450　❼ 450　❽ 100　❾ 4.5　❿ 5　⓫ A

本文 105 ページ

EXERCISE

1 D

解説

1　まず、2 種類のガソリンの各月の変動率を求めます。わり切れない場合は小数第 4 位を四

レギュラーガソリンの 2 月の価格は、前月の、
$127 \div 125 = 1.016$（倍）
したがって、$1.016 - 1 = 0.016$ より、変動率は、
$0.016 \times 100 = 1.6$（%）
3 月の価格は、前月の、$127 \div 127 = 1$（倍）
したがって、$1 - 1 = 0$ より、変動率は、0%
4 月の価格は、前月の、$135 \div 127 \fallingdotseq 1.063$（倍）
したがって、$1.063 - 1 = 0.063$ より、変動率は、
$0.063 \times 100 = 6.3$（%）
上記のように各月の変動率を求め、整理すると、下の表のようになります。

	1月	2月	3月	4月	5月	6月
レギュラー ガソリン（円）	－	+1.6%	0%	+6.3%	+1.5%	+5.8%
ハイオク ガソリン（円）		+1.5%	+1.5%	+7.2%	+2.0%	+5.3%
原油価格変動率 （前月比）	+1.0%	+0.5%	+6.5%	+1.2%	+5.5%	+2.1%

したがって、レギュラーガソリンとハイオクガソリンの両方の変動率が、前月の原油価格変動率を上回った月は、2 月と 5 月です。
よって、答えは D です。

LESSON 41 n 進法

解答

本文 106 ページ

❶ 50　❷ 0　❸ 16　❹ 2　❺ 5　❻ 1　❼ 1
❽ 2　❾ 12120　❿ 1　⓫ 2　⓬ 1　⓭ 2
⓮ 0　⓯ C

本文 107 ページ

EXERCISE

1 A　**2** B

解説

1
```
2 ) 33   余り
  2 ) 16 … 1   ↑  ⇒ 100001
    2 ) 8 … 0
      2 ) 4 … 0
        2 ) 2 … 0
            1 … 0
```
よって、答えは A です。

2　$2^4 \times 1 + 2^3 \times 1 + 2^2 \times 0 + 2^1 \times 1 + 2^0 \times 0$
　　$= 16 + 8 + 0 + 2 + 0 = 26$

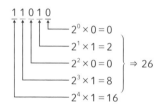

$$1\ 1\ 0\ 1\ 0$$

- $2^0 \times 0 = 0$
- $2^1 \times 1 = 2$
- $2^2 \times 0 = 0$　⇒ 26
- $2^3 \times 1 = 8$
- $2^4 \times 1 = 16$

よって、答えは **B** です。

LESSON 42　数列（等差数列と等比数列）

解答　　　　　　　　　　　本文 108 ページ

❶ 3　❷ 1　❸ 3　❹ 28　❺ B　❻ 1　❼ 28
❽ 10　❾ 145　❿ C

EXERCISE　　　　　　　　本文 109 ページ

1 A　**2** E

解説

1　1 に、次々と 1 を加えて作られる等差数列の、1 番目から 20 番目までの和は、
$$\frac{(1+20) \times 20}{2} = 210$$
よって、答えは **A** です。

2　2 に、次々と 2 をかけて作られる等比数列の 8 番目の数は、
$$2 \times 2^{8-1} = 256$$
よって、答えは **E** です。

実践演習 ①

解答　　　　　　　　　　　本文 110 ページ

1 B　**2** B　**3** B　**4** E

解説

1　ナシは 4 個買ったので、ナシの代金は、
　　$150 \times 4 = 600$（円）
　　したがって、（$2000 - 600 = $）1400 円が、ミカンとリンゴの合計金額とわかるので、ミカンとリンゴのつるかめ算で考えます。ミカンとリンゴの数は合計で（$20 - 4 = $）16 個なので、16 個すべてリンゴだと考えると、合計金額は、
　　$100 \times 16 = 1600$（円）
　　実際の合計金額との差は、
　　$1600 - 1400 = 200$（円）
　　リンゴが 1 個減り、ミカンが 1 個増えるごとに合計金額は、（$100 - 60 = $）40 円ずつ減るので、ミカンの数は、
　　$200 \div (100 - 60) = 5$（個）
　　よって、答えは **B** です。

2　現在の父と子の年齢の差は、
　　$28 - 4 = 24$（歳）
　　2 人の年齢の差はつねに 24 歳なので、父の年齢が子の年齢の 4 倍になるとき、子の年齢を①とすると、父の年齢は④にあたり、2 人の年齢の差 24 歳は（$4 - 1 = $）③にあたります。
　　したがって、4 倍になるのは、今から、
　　① $- 4 = 24 \div 3 - 4 = 4$（年後）
　　よって、答えは **B** です。

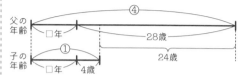

3　たまご 1 個あたりの見込の利益は、
　　$50 \times 0.4 = 20$（円）
　　500 個すべて売った場合の見込の利益は、
　　$20 \times 500 = 10000$（円）
　　したがって、実際の利益との差は、

$10000 - 5800 = 4200 (円)$

たまごを 1 個割ると、仕入れ値 50 円の損失だけでなく、利益 20 円も得られないので、割れていたたまごの数は、

$4200 \div (50 + 20) = 60 (個)$

よって、答えは **B** です。

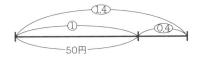

4 正規の入館料を①とすると、1 人あたりの割引額は、$2000 \times 0.25 = 500 (円)$

割引が 1 人増えるごとに総額が 500 円ずつ安くなっていきます。

80 人が 1 つの団体として入館する場合、割引を受ける人は、

$80 - 30 = 50 (人)$

40 人ずつ 2 つの団体として入館する場合、割引を受ける人は、

$(40 - 30) \times 2 = 20 (人)$

割引を受ける人数の差は、$50 - 20 = 30 (人)$

したがって、1 人あたりの割引額は 500 円なので、入館料の総額の差は、

$500 \times 30 = 15000 (円)$

よって、答えは **E** です。

実践演習 ②

解答

本文 112 ページ

1 (1) **D** (2) **E**   2 **B**   3 **D**

解説

1 (1) 10 時 13 分に A 駅を出発すると 10 時 33 分に B 駅に到着するので、$(33 - 13 =) 20$ 分かかります。20 分 $= \dfrac{20}{60}$ 時間 $= \dfrac{1}{3}$ 時間なので、平均の速さは、時速、

$$24 \div \dfrac{1}{3} = \dfrac{24 \times 3}{1} = 72 (km)$$

よって、答えは **D** です。

(2) 時速 72km から速度を 25% 上げた速さは、時速、

$72 \times (1 + 0.25) = 90 (km)$

B 駅から C 駅までは 54km 離れているので、かかった時間は、

$$54 \div 90 = \dfrac{54}{90} = \dfrac{3}{5} (時間)$$

$\dfrac{3}{5}$ 時間 $= \dfrac{60 \times 3}{5}$ 分 $= 36$ 分なので、電車が C 駅に到着する時刻は、

10 時 35 分 + 36 分 = 10 時 71 分 = 11 時 11 分

よって、答えは **E** です。

2 向かい合って（反対の方向に）進むので、出会いの場合で考えます。

静水時の速さの公式「静水時の速さ =（上りの速さ + 下りの速さ）÷ 2」を変形して、「静水時の速さ × 2 = 上りの速さ + 下りの速さ」とすると、静水時の速さの 2 倍が A と B の速さの和と等しくなることがわかるので、2 そうの船の速さの和は、時速、

$15 \times 2 = 30 (km)$

したがって、2 そうの船が出会うのは、出発してから、

$75 \div 30 = 2.5 (時間)$

よって、答えは **B** です。

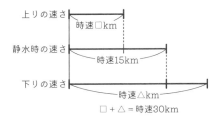

□ + △ = 時速30km

3 9% の食塩水 400g に含まれる食塩の重さは、

$400 \times 0.09 = 36 (g)$

水が蒸発して 12% の濃さになっても食塩の重さは変わらないので、蒸発後の食塩水の重さは、

$36 \div 0.12 = 300 (g)$

したがって、蒸発させた水の重さは、

$400 - 300 = 100 (g)$

よって、答えは **D** です。

実践演習 ③

解答

本文 114 ページ

1 **C**　2 **B**　3 **E**　4 **D**

解説

1　全体の仕事量を、30 と 18 の最小公倍数の 90 とすると、P の 1 日あたりの仕事量は、$90 \div 30 = 3$

$$\begin{array}{r|ll} 2) & 30 & 18 \\ 3) & 15 & 9 \\ \hline & 5 & 3 \end{array}$$

（最小公倍数）
$2 \times 3 \times 5 \times 3 = 90$

Q の 1 日あたりの仕事量は、

$90 \div 18 = 5$

したがって、P が 15 日働いた仕事量は $(3 \times 15 =) 45$ なので、

Q の仕事量は、

$90 - 45 = 45$

Q が働いた日数は、$45 \div 5 = 9$（日）

Q が休んだ日数は、$15 - 9 = 6$（日）

よって、答えは **C** です。

2　たとえば、{0、3、5}の 3 枚のカードを選んだとき、百の位が十の位より大きく、十の位が一の位より大きい 3 けたの整数は、530 の 1 通りです。6 枚のカードから 3 枚を選ぶ選び方は、

$${}_6C_3 = \frac{6 \times 5 \times 4}{3 \times 2 \times 1} = 20（通り）$$

この 20 通りのどの場合も、百の位が十の位より大きく、十の位が一の位より大きくなる並べ方は 1 通りずつなので、求める整数の個数は、20 個です。

よって、答えは **B** です。

3　男女が交互に並ぶとき、①「男女男女男女」と②「女男女男女男」の並び方があります。
①の場合、男子 3 人の並び方は ${}_3P_3$ 通り、女子 3 人の並び方も ${}_3P_3$ 通りなので、男女が交互に並ぶ並び方は、

$${}_3P_3 \times {}_3P_3 = 3! \times 3! = 6 \times 6 = 36（通り）$$

②の場合も同様に 36 通りです。

①と②は同時に起こらないので、求める並び方の総数は、

$36 + 36 = 72$（通り）

よって、答えは **E** です。

4　8 人の生徒から 3 人を選ぶ選び方は、

$${}_8C_3 = \frac{8 \times 7 \times 6}{3 \times 2 \times 1} = 56（通り）$$

そのうち、A が含まれる選び方は、A を選んだあと、A 以外の 7 人から残りの 2 人を選ぶと考えればよいので、

$${}_7C_2 = \frac{7 \times 6}{2 \times 1} = 21（通り）$$

したがって、求める確率は、$\dfrac{21}{56} = \dfrac{3}{8}$

よって、答えは **D** です。

実践演習 ④

解答

本文 116 ページ

1 **C**　2 **B**　3 **D**

解説

1　ベン図で表すと、右のようになります。

海も山も嫌いな人の数を①とすると、海も山も好きな人の数は③になります。このとき、山

が好きな人（ア＋③）は 34 人、海が嫌いな人（ア＋①）は $(50 - 32 =)18$ 人なので、山が好きな人と海が嫌いな人の差は、

$34 - 18 = 16$（人）

この差 16 人が $(3 - 1 =)$②にあたります。

したがって、山が好きで海が嫌いな人（ア）は、

$18 - ① = 18 - 16 \div 2 = 10$（人）

よって、答えは **C** です。

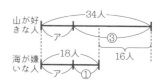

2　「総売上÷入場者数」で各月の 1 人あたりの平均売上を求めると、

1月：100÷100＝1

2月：117÷105＝1.114……

3月：95÷93＝1.021……

4月：108÷102＝1.058……

5月：131÷120＝1.091……

6月：101÷92＝1.097……

1人あたりの平均売上が最も高い月は、2月です。

よって、答えは**B**です。

3 X、Y、Zの3つの発言を整理すると、

発言X：A校2人、B校3人

発言Y：A校（人数の限定なし）、
　　　　B校（人数の限定なし）

発言Z：2校（学校の限定なし）

条件が限定する範囲を図で表すと、下のようになります。

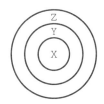

限定範囲が広い順に、Z→Y→Xとなるので、推論ア「Xが正しければYも必ず正しい。」は成り立ちます。

推論イ「Yが正しければZも必ず正しい。」は成り立ちます。

推論ウ「Zが正しければXも必ず正しい。」は成り立ちません。

したがって、アとイが正しいです。

よって、答えは**D**です。

実践演習⑤

解答

本文118ページ

1 **F**　2 **B**　3 **C**

解説

1 PクラスとRクラスの人数の比は、1：1.5なので、これを整数の比に直すと、2：3です。

$$1：1.5 = 2：3$$
（×2、×2）

また、Qクラスの人数はPクラスの人数の半分、つまり、PはQの2倍なので、PとQの人数の比は、2：1です。したがって、P、Q、Rの人数の比は、2：1：3です。

各クラスの平均点と人数の比をもとに、各クラスの合計点の大きさを求めると、

Pクラス：6.5×2＝13

Qクラス：9.0×1＝9

Rクラス：5.5×3＝16.5

推論アは、成り立ちます。全クラスの平均点は、

$(13+9+16.5)÷(2+1+3)$

$＝38.5÷6＝6.416……（点）$

なので、Pクラスの平均点6.5は、全クラスの平均点より高いです。

推論イは、成り立ちません。QクラスとRクラスの平均点は、

$(9+16.5)÷(1+3)＝25.5÷4＝6.375（点）$

なので、2クラスの平均点6.375は、Pクラスの平均点6.5より低いです。

推論ウは、成り立ちます。Rクラスの合計点16.5が3クラスの中で最も大きな数値です。

したがって、アとウが正しいです。

よって、答えは**F**です。

2

```
2 ) 73      余り
2 ) 36  …  1    ⇒1001001
2 ) 18  …  0
2 )  9  …  0
2 )  4  …  1
2 )  2  …  0
     1  …  0
```

よって、答えは**B**です。

3 分母と分子を分けて考えます。

分母2に、次々と2を加えて作られる等差数列の49番目の数は、

$2+2×(49－1)＝98$

分子は、{1、2、3}の3つの数がくり返されています。49番目までに、この3つの数の組がいくつできるかを求めると、

$49÷3＝16余り1$

となり、16組できて、数字が1個余ることが

わかります。この余った1個の数が3つの数の1番目の{1}なので、49番目の数は、$\frac{1}{98}$とわかります。

よって、答えは**C**です。

① ② ③　④ ⑤ ⑥　⑦ ⑧ ⑨　㊻ ㊼ ㊽　㊾
{1、2、3}、{1、2、3}、{1、2、3}、…、{1、2、3}、{1、2、3}

16組　　余り

LESSON 43　語句の意味（意味を選ぶ）

解答
本文 124 ページ

B

EXERCISE
本文 125 ページ

1 (1) D　(2) C　(3) A

解説

1 (1) 「赦」は「ゆるす」と読み、「とがめないでおく」「聞き入れる」という意味を表します。「免」は「めんじる」と読み、「見逃す」「義務や負担を引き受けなくてすむようにする」「やめさせる」という意味を表します。よって、最も適切なものは、**D**です。なお、**A**は「罷免」、**B**は「受諾」、**C**は「放免」の意味になります。
(2) 「繁」は「繁殖」「頻繁」などと使われ、「しげる」「盛んになる」という意味を表します。「茂」は「しげる」と読み、「盛んにのびる」という意味を表します。よって、最も適切なものは、**C**です。なお、**A**は「繁忙」、**B**は「繁栄」、**D**は「繁華」の意味になります。
(3) 「緩」は「ゆるい」と読み、「ゆったりしている」「ゆるやかだ」という意味を表します。「慢」は「怠慢」「慢心」などと使われ、「なまけているさま」「締まりがないさま」という意味を表します。よって、最も適切なものは、**A**です。なお、**B**は「怠惰」、**C**は「平凡」、**D**は「平穏」の意味になります。

LESSON 44　語句の意味（語句を選ぶ）

解答
本文 126 ページ

C

EXERCISE
本文 127 ページ

1 (1) D　(2) B　(3) C

解説

1 (1) **A**「配」は「配る」、「給」は「与える」という意味を表します。**B**「普」も「遍」も「あまねく」「すべてにわたって」という意味を表します。**C**「拡」は「広くする」、「散」は「ちらす」という意味を表します。**D**「頒」は「わける」という意味で、「頒価」などと使われます。「布」は「広くゆきわたらせる」という意味で、「配布」などと使われます。よって、最も適切なものは、**D**です。
(2) **A**「執念」は「深く思い込むこと」という意味を表します。**B**「拘」も「泥」も「こだわる」という意味を表します。「勝ち負けに拘泥する」などと使われ、「必要以上にこだわる」という意味を表します。**C**「頓着」は「深く気にかけること」という意味を表します。**D**は「こまごまとして煩わしいこと」という意味を表します。よって、最も適切なものは、**B**です。
(3) **A**「援」は「支援」などと使われ、「たすける」という意味を表し、「護」は「護衛」などと使われ、「まもる」という意味を表します。**B**「勧」も「奨」も「すすめる」という意味を表します。**C**「鼓舞」は「鼓（つづみ）を打ち、舞を舞う」から転じて、「励まし奮い立たせる」という意味を表します。**D**「叱」は「しかる」、「責」は「せめる」という意味を表します。よって、最も適切なものは、**C**です。

熟語の成り立ち（訓読みを用いて考える）

解答　　　　　　　　　　　　　　　　本文 128 ページ

(1) **B**　(2) **A**

　　　　　　　　　　　　　　　　　　本文 129 ページ

1 (1) **C**　(2) **D**　(3) **A**

解説

1 (1) 「地」は「地面」「大地」などと使われます。「震」は「震える」と読み、「耐震」「震度」などと使われます。前の字が名詞、後の字が動詞になり、「地（面）が震える」と読むことができます。よって、正しいものは、**C** です。

(2) 「頻」は「頻度」「頻繁」などと使われ、「しきりに」「しばしば」という意味を表します。「発」は「発する」と読み、動詞になります。前の「しきりに」は、どのように「発する」のかをくわしく説明する役割を果たしています。よって、正しいものは、**D** です。

(3) 「譴」は「天譴」などと使われ、「責めとがめる」という意味を表します。「責」は「責める」と読み、「叱責」などと使われます。「譴」も「責」も「せめる」という意味を含みます。よって、正しいものは、**A** です。

熟語の成り立ち（短文に直して考える）

解答　　　　　　　　　　　　　　　　本文 130 ページ

(1) **C**　(2) **D**　(3) **B**

　　　　　　　　　　　　　　　　　　本文 131 ページ

1 (1) **B**　(2) **D**　(3) **A**

解説

1 (1) 「覆」は「おおう」と読み、動詞になります。「面」は「顔面」「表面」などと使われ、名詞になります。「後の字→前の字」の順で、「面を覆う」と読むことができます。よって、正しいものは、**B** です。

(2) 「寡」は「多寡」「寡黙」などと使われ、「少ない」という意味を表します。「聞」は「聞く」と読み、動詞になります。「前の字→後の字」の順で、「少なく聞く」と読むことができます。よって、正しいものは、**D** です。

(3) 「官」は「官庁」「官職」などと使われ、「国の機関」「役人」という意味を表します。「製」は「製する」と読み、動詞になります。前の字が名詞、後の字が動詞であり、「官が製する」と読むことができます。よって、正しいものは、**A** です。

同音異義語・同訓異字

解答　　　　　　　　　　　　　　　　本文 132 ページ

C

　　　　　　　　　　　　　　　　　　本文 133 ページ

1 (1) **A**　(2) **D**　(3) **D**

解説

1 (1) 漢字に直すと「継承」で、「地位などを受け継ぐこと」という意味を表します。**A** は「継承」で、事業を「受け継ぐ」という意味、**B** は「敬称」で、「人の名前の後につけて、敬う気持ちを表す言葉」という意味、**C** は「景勝」で、「景色がよいこと」という意味、**D** は「警鐘」で、「危険を予知して警戒を促すもの」という意味を表します。よって、同じ意味のものは、**A** です。

(2) 漢字に直すと「型」で、「もとになる形」という意味を表します。**A** は「肩」なので、「肩の荷が下りる」で「責任や負担がなくなる」という意味を表します。**B** は「片」で、「物事の始末」という意味なので、「片がつく」で「決着がつく」という意味を表します。**C** は「方」で、「方法」「やり方」という意味、**D** は「型」で、「形」という意味を表します。よって、同じ意味のものは、**D** です。

(3) 漢字に直すと「掛ける」で、「上からぶらさげる」という意味を表します。**A** は「駆ける」

で、「速く走る」という意味、Bは「架ける」で、「二つの間にものを渡す」という意味、Cは「欠ける」で、「不足する」という意味、Dは「掛ける」で、「上から下にさげる」という意味を表します。よって、同じ意味のものは、Dです。

LESSON 48　語句の用法(多義語)

本文 134 ページ

解答

B

EXERCISE

本文 135 ページ

1 (1) B　(2) D　(3) D

解説

1 (1) 「気が楽だ」は「気分が楽だ」と言いかえることができます。Aは「気質」「生まれつきの性質」、Bは「気分」「気持ち」、Cは「心」「心の状態」、Dは「雰囲気」「気配」と言いかえることができます。よって、同じ意味のものは、Bです。

(2) 「会話がはずむ」は「会話が調子づく」と言いかえることができます。Aは「勢いよくはね返る」、Bは「思い切ってたくさん出す」、Cは「荒くなる」、Dは「調子づく」「勢いに乗る」と言いかえることができます。よって、同じ意味のものは、Dです。

(3) 「切れ味が甘い」は「切れ味が本来より悪くなる」と言いかえることができます。Aは「厳しくない」「ゆるい」、Bは「砂糖のような味である」、Cは「心地よくうっとりするような」、Dは「本来より悪くなる」と言いかえることができます。よって、同じ意味のものは、Dです。

LESSON 49　語句の用法(助詞・助動詞①)

解答

本文 136 ページ

C

EXERCISE

本文 137 ページ

1 (1) B　(2) D

解説

1 (1) 「買ったばかり」は「今ちょうど買ったばかり」と言いかえることができ、ある動作が完了して間もない状態を表します。Aは「一週間ばかり」は「一週間くらい」と言いかえることができ、だいたいの程度を表します。Bは「着いたばかり」は「今ちょうど着いたばかり」と言いかえることができ、ある動作が完了して間もない状態を表します。Cは「ゲームばかり」は「ゲームだけ」と言いかえることができ、それだけであるという限定を表します。Dは「あせったばかりに」は「あせったために」と言いかえることができ、理由を表します。よって、同じ用法のものは、Bです。

(2) 「熱があるような感じ」は「熱があるというような感じ」と言いかえることができ、だいたいの様子を表します。Aは「絵画に描いたような」は「まるで絵画に描いたような」と言いかえることができ、他のものにたとえる比喩を表します。Bは「夜のような暗さ」は「まるで夜のような暗さ」と言いかえることができ、他のものにたとえる比喩を表します。Cは「エジソンのような発明家」は「たとえばエジソンのような発明家」と言いかえることができ、例示を表します。Dは「疲れたような顔」は「疲れたというような顔」と言いかえることができ、だいたいの様子を表します。よって、同じ用法のものは、Dです。

解答　　　　　　　　　　　本文 138 ページ

A

　　　　　　本文 139 ページ

1 (1) **D**　(2) **C**

解説

1 (1)　「画面の大きい」は「画面が大きい」と言いかえることができ、「画面が」が主語、「大きい」が述語の関係です。**A**「届いたのを」は「届いたことを」と言いかえることができ、「の」は「こと」「もの」を代用するはたらきをします。**B**「小説の翻訳」の「小説の」は何を「翻訳」するのかということを説明しており、修飾のはたらきをします。**C**「朝早いのに」は「のに」で一語であり、「〜けれども」という逆接の意味を表します。**D**「映画の始まる時間」は「映画が始まる時間」と言いかえることができ、「映画が」が主語、「始まる」が述語の関係です。よって、同じ用法のものは、**D**です。

(2)　「ほめられる」は「誰かに何かをされる」という受け身を表します。**A**「来られる」は「来る」という校長先生の動作を敬って表現しており、尊敬を表します。**B**「感じられる」は「自然とそういうふうになる」という自発を表します。**C**「建てられる」は「誰かに何かをされる」という受け身を表します。**D**「耐えられる」は「耐えることができる」と言いかえることができ、可能を表します。よって、同じ用法のものは、**C**です。

解答　　　　　　　　　　　本文 140 ページ

B

　　　　　　本文 141 ページ

1 (1) **A**　(2) **C**

解説

1 (1)　「ステークホルダー」の意味は「利害関係者」なので、二語の関係は「同義語」です。「通暁」は「ある物事についてよく知っていること」という意味を表します。**A**「熟知」は「くわしく知っていること」、**B**「有明」は「夜明け」、**C**「新鋭」は「新しくて勢いのよいこと」、**D**「昇華」は「固体が直接気体になること」や「物事が一段階上の次元へと高められること」という意味を表します。よって、「通暁」と同義語の関係になるものは、**A**です。

(2)　「廉価」は「値段が安いこと」、「高価」は「値段が高いこと」という意味なので、二語の関係は「対義語」です。「過疎」は「まばらで少ないこと」という意味を表します。**A**「過激」は「度を越して激しいこと」、**B**「過失」は「あやまち」、**C**「過密」は「集まりすぎていること」、**D**「過剰」は「ありあまること」という意味を表します。よって、「過疎」と対義語の関係になるものは、**C**です。

解答　　　　　　　　　　　本文 142 ページ

D

EXERCISE　　　　　　　　本文 143 ページ

1 (1) **C**　(2) **A**

解説

1 (1)　「師走」は「12 月」、「弥生」は「3 月」で、いずれも「旧暦の名称」というグループに属

しているので、二語の関係は「仲間」です。「ドル」は「アメリカの通貨の単位」です。🅐「アメリカ」は「国名」、🅑「銀行」は「お金を貸し出したり預かったりするところ」、🅒「ポンド」は「イギリスの通貨の単位」、🅓「通貨」は「その国で支払い手段として機能している貨幣」です。よって、「ドル」と仲間の関係になる言葉は、🅒です。

(2) 「レンズ」を「フレーム」にはめたものが「眼鏡」です。「レンズは眼鏡の一部分である」といえるので、二語の関係は「包含」です。🅐「エンジン」は「自動車などの動力源になる機械」、🅑「ガソリン」は「自動車などの燃料」、🅒「飛行機」は「乗り物の一種」、🅓「トラック」は「車の一種」です。よって、「自動車」と包含の関係になるものは、🅐です。

二語関係（役割・用途の見分け方）

解答

本文 144 ページ

🅒

EXERCISE

本文 145 ページ

1 (1) 🅒　(2) 🅐

解説

1 (1) 「小説家」は職業の一種であり、「小説家の役割は執筆である」といえるので、二語の関係は「役割」です。ア「ガードマン」とは「警備員」のことなので、同義語の関係です。イ「公務員」と「会社員」はいずれも職業というグループに属しているので、仲間の関係です。ウ「パティシエ」は菓子職人のことで、職業の一種です。「パティシエの役割は製菓である」といえるので、役割の関係です。よって、同じ関係のものを示しているものは、🅒です。

(2) 「ドライヤーを使って髪の毛を乾燥させる」といえるので、二語の関係は「用途」です。ア「リヤカーを使って運搬する」といえるので、用途の関係です。イ「ダム」は水をためて洪水を防いだりする設備であり、その用途は「防

水」ではなく「治水」です。ウ「庭師」は職業の一種で、「庭師の役割は剪定である」といえるので、役割の関係です。よって、同じ関係のものを示しているものは、🅐です。

二語関係（原材料・一対の見分け方）

解答

本文 146 ページ

🅐

EXERCISE

本文 147 ページ

1 (1) 🅕　(2) 🅐

解説

1 (1) 「ぶどうを使ってワインを作る」といえるので、二語の関係は「原材料」です。ア「ヨーグルト」と「チーズ」はいずれも牛乳を原料として作られる乳製品のグループに属しているので、仲間の関係です。イ「大豆を使って豆腐を作る」といえるので、原材料の関係です。ウ「小麦粉を使ってスパゲッティを作る」といえるので、原材料の関係です。よって、同じ関係のものを示しているものは、🅕です。

(2) 「杵」と「臼」は、餅つきのときに一緒に使うものなので、二語の関係は「一対」です。ア「まな板」と「包丁」は料理のときに一緒に使うものなので、一対の関係です。イ「鉛筆」と「定規」は、いずれも文房具というグループに属するので、仲間の関係です。ウ「じょうろ」を使って「水やり」をするので、用途の関係です。よって、同じ関係のものを示しているものは、🅐です。

LESSON 55 空欄補充

本文 148 ページ

解 答

B

本文 149 ページ

1 D

解 説

1 空欄直前の「そのため」という指示語は、「人や物資を安全かつ効率的に運搬できる」というエレベーターのメリットを指しています。このメリットのために「より多くの国や機関が注目する」という文脈から、空欄には「より多くの国や機関が注目する」理由にあたる内容が入ることがわかります。

- A 「明確化する」 ▶宇宙開発の目的が明確になったことで「宇宙エレベーター」に注目するようになったということはできますが、「より多くの」国や機関が注目する理由としては不十分です。

- B 「画一化する」 ▶「画一」は、同じ状態にそろっているさまを表します。「より多くの国や機関が注目する」理由にはなりません。

- C 「混沌化する」 ▶「混沌」は、入り混じってまとまっていない状態を表します。「より多くの国や機関が注目する」理由にはなりません。

- D 「多様化する」 ▶国や機関がそれぞれに宇宙開発の目的を持つなかで、安全かつ効率的な運搬が可能な「宇宙エレベーター」に注目するようになっているといえます。

よって、文中の空欄に入る最も適切な語句は、D です。

LESSON 56 並べかえ（一文内で並べかえる）

本文 150 ページ

解 答

B

本文 151 ページ

1 A

解 説

1 まず、各選択肢と並びかえ部分の前の内容を照らし合わせると、B「このような問題」という指示語があり、これが、並びかえ部分の直前の文中にある「水質汚濁、洪水、渇水等様々な問題」を指していることがわかるので、[1]には B が当てはまります。

次に、並びかえ部分の後の内容を見ると、「健全な水循環を維持・回復させるための施策を包括的に推進していく必要がある」と述べており、これが「水」に関して説明している C とつながることがわかるので、[4]には C が当てはまります。

最後に、残った A と D を比べると、D「社会や文化」を、A「一層発展させていく」とつながるので、D→A の順になります。

よって、B→D→A→C となるので、[3]に当てはまるものは、A です。

LESSON 57 並べかえ（一段落内で並べかえる）

解 答

本文 152 ページ

A

本文 153 ページ

1 C

解 説

1 冒頭に「生物相が貧相で、害虫や雑草が少ない」とあり、生物が少ないことについて述べています。これとつながる選択肢を探すと、ア「生き物がいない」、ウ「アリ一匹さえ見つけるの

が困難」が見つかります。このうち、アは「それくらい」という指示語で始まっているので、これがウの「農場を歩き回っても、アリ一匹さえ見つけるのが困難だった」ことを指していると考えてウ→アの順につなげると、全体として生き物が少ないことを述べる内容になります。

残りの選択肢イ、エを見ると、ウの「農場」は、イの「英国の農場」のことであり、また、イは筆者の状況を説明している文であるため、イ→ウの順になります。そして、イ→ウ→アで述べた「生き物がいない」農場についての説明を受けて、エ「そんな農園」と述べていることがわかります。

よって、イ→ウ→ア→エとなるので、アの次にくる文を示しているのは、**C** です。

LESSON 58　長文読解（欠文補充）

解答

本文 154 ページ

［3］

本文 155 ページ

1［3］

解説

1 抜き出した文の冒頭に「でも」とあるので、直前には対照的な内容がきます。また、「それ」とあるので、対応する内容を探します。

［1］の直前には「それ」に対応する内容がありません。

［2］の直前の「一般的な生きもの」を「それ」に当てはめると「一般的な生きもの」を「一般化する」となり、成り立ちません。

［3］の直前の「個々の具体的な生きもの」を「それ」に当てはめて、「個々の具体的な生きものを一般化しなければ……」ということができます。また、「個々の具体的な生きものしか」いないが「一般化しなければ」ならないと述べており、対照的な関係です。

［4］の直前の「一般化がなくても」と、抜き出した文の「一般化しなければ」は対照的な関係ですが、「それ」に対応する「個々の具体的な生きもの」と離れるため、説明が不自然になります。

よって、［1］～［4］のうち、［3］に戻すのが最も適切です。

LESSON 59　長文読解（内容一致）

本文 156 ページ

B

EXERCISE

本文 157 ページ

1 D

解説

1 「経験」と「意識」との関連についての説明を検討します。

A 「目の前に見える風景とは異なり」、「おぼろげな再現」であると述べていますが、「空想上の風景でしかない」とは述べていません。

B 最後に「実際に経験した事のあるものを思い浮かべるだけ」と述べ、これは「経験や知覚にとらわれずにものを意識することはできない」と解釈できるので、「難しい」では不十分です。

C 「完全には再現することはできない」は合致しますが、文章中で「無意識にその時の思いが反映されるため」とは述べていません。

D 「視覚経験なしには、……できない」、「匂いや音、触感といったものを……思い浮かべるだけ」という説明に合致します。

よって、**A** ～ **D** のうち、合致するものは、**D** です。

長文読解（筆者の主張）

C

1 **A**

解説

1 ことばの使い方と「自分の持っている語彙力、ことばを使う能力」について、後半の段落に筆者の意見が述べられています。

A 普段は意識しませんが、「自分の持っている語彙力、ことばを使う能力は意識して磨かねば気づかぬうちに失われ」てしまうため、意味や使い方を意識する必要があると考えています。

B 「ことばに関する限り、断捨離しても風通しがよくなるわけでも、……」とあり、ことばを多く持つこと自体は否定していません。

C 「ことばを使う能力は意識して磨かねば……」とありますが、「多様な使い方を身に付ける必要がある」とは述べていません。

よって、**A**〜**C**のうち、考えられるものは、**A**です。

実践演習 ⑥

1 (1) **E** (2) **B** (3) **C**

2 (1) ア：**C** イ：**B** ウ：**A** エ：**D** オ：**D**

(2) ア：**B** イ：**D** ウ：**C** エ：**D** オ：**A**

解説

1 (1) **A**「おぼろげ」は「はっきりしないさま」、**B**「ぶしつけ」は「遠慮のないさま」、**C**「そぞろ」は「なんとなく落ち着かないさま」、**D**「さかしら」は「賢そうに振る舞うさま」という意味を表します。**E**「なおざり」は「きちんとやらないで放っておくさま」という意味で、「仕事をなおざりにする」などと使われます。よって、最も適切なものは、**E**です。

(2) **A**「緊密」は「わかりやすい」の意味を含みません。**C**「簡素」と**D**「明瞭」は「身近」の意味を含みません。**E**「質朴」は「身近」や「わかりやすい」の意味を含みません。よって、最も適切なものは、**B**です。

(3) 「僭越」は「自分の地位や立場に不相応なことをすること」という意味を表します。自分の動作をへりくだる場合などに「僭越ながら申し上げます」のように使われます。よって、最も適切なものは、**C**です。なお、**A**は「詮索」、**B**は「驕慢」、**D**は「潜在」、**E**は「稀有」の意味を表します。

2 (1) ア「棄権」は、前の字が動詞で、「後の字→前の字」の順で、「権（利）を棄てる」と読むことができるので、**C**「動詞の後に目的語が置かれている」です。イ「硬軟」の「硬い」と「軟らかい」は反対の意味なので、**B**「反対の意味の字が並んでいる」です。ウ「逸脱」の「逸（そ）れる」と「脱する」は似た意味なので、**A**「似た意味の字が並んでいる」です。エ「愚策」は、「前の字→後の字」の順で、「愚かな策」と読むことができるので、前の字が後の字を修飾しています。よって、**D**「**A**〜**C**のどれにも当てはまらない」です。オ「鶏鳴」は「鶏が鳴く」と読むことができるので、「主

語と述語」の関係です。よって、**D**「**A**〜**C**のどれにも当てはまらない」です。

(2) ア「皆無」は、「前の字→後の字」の順で、「皆(みな)無い」と読むことができるので、**B**「前の字が後の字を修飾している」です。イ「請願」の「請う」と「願う」は似た意味なので、**D**「**A**〜**C**のどれにも当てはまらない」です。ウ「日没」は「日が没する」と読むことができるので、**C**「主語と述語の関係になっている」です。エ「避難」は、前の字が動詞で、「前の字→後の字」の順で、「難を避ける」と読むことができるので、動詞の後に目的語が置かれています。よって、**D**「**A**〜**C**のどれにも当てはまらない」です。オ「繁閑」の「繁」は「いそがしい」、「閑」は「ひま」という意味を表すので、**A**「反対の意味の字が並んでいる」です。

実 践 演 習 ⑦

本文 162 ページ

解答

1 (1) **D**　(2) **A**　2 (1) **A**　(2) **C**

解説

1 (1)「不本意ではあるが依頼を引き受ける」という意味になる選択肢を探します。**A**「不肖」は「未熟で劣ること」、**B**「不祥」は「不吉であること」、**C**「不詳」は「くわしくはわからないこと」、**D**「不承」は「いやいやながら承知すること」という意味を表します。よって、同じ意味のものは、**D**です。

(2) 漢字に直すと「有志」で、「あることをやろうとする意志を持っていること」という意味を表します。**A**は「有志」で、「あることをやろうとする気持ちがあること」という意味、**B**は「融資」で、「銀行などが、必要な資金を貸すこと」という意味、**C**は「雄姿」で、「勇ましく立派な姿」という意味、**D**は「有史」で、「文字による記録がある歴史」という意味を表します。よって、同じ意味のものは、**A**です。

2 (1)「大型車のとおり」は「大型車の通行」と

言いかえることができます。**A**は「行き来」「通行」、**B**は「通りぐあい」、**C**は「そのまま」、**D**は「道」「道路」と言いかえることができます。よって、同じ意味のものは、**A**です。

(2) 格助詞「に」の用法に関する問題です。「に」には「時間」「場所」「動作の相手」「動作の目的」「変化の結果」などの意味があるので、前後の言葉に注目して、意味の違いを捉えます。「戦いに赴く」は「戦いのために」と言いかえることができ、何のために「赴く」のかという動作の目的を表します。**A**「熱帯低気圧になる」は変化の結果、**B**「専門家に相談する」は動作の相手、**C**「見舞いに行く」は動作の目的、**D**「一堂に集まる」は場所を表します。よって、同じ用法のものは、**C**です。

実 践 演 習 ⑧

解答

本文 164 ページ

1 **B**　2 **D**　3 **B**

解説

1 「端午は節句の一種である」といえるので、二語の関係は「包含」です。ア「ボルト」と「ナット」は両方を一緒に使うので、一対の関係です。イ「襟は洋服の一部である」といえるので、包含の関係です。ウ「アルファベット」と「漢字」はどちらも文字というグループに属しているので、仲間の関係です。よって、同じ関係のものを示しているものは、**B**です。

2 「ドメスティック」は「国内に関すること」、「インターナショナル」は「国際的」という意味を表すので、二語の関係は「対義語」です。「寡黙」は「口数が少ないこと」という意味を表します。**A**「沈黙」は「黙り込むこと」という意味なので、「寡黙」とは同義語の関係です。**B**「潤沢」は「ものが豊富にあること」、**C**「独占」は「独り占めすること」という意味を表します。**D**「饒舌」は「おしゃべりで口数が多いこと」という意味なので、「寡黙」と対義語の関係です。**E**「明朗」は「明るくて朗ら

かなこと」という意味を表します。よって、「寡黙」と対義語の関係になるものは、**D**です。

3 直後の文が「それ」という指示語で始まっていることに注目します。「それ」は、空欄に入る内容を指しており、その空欄の内容が「解答を知らない教師や同輩と探求の旅に出ること」、「道を切り開こうとするが、……偶然に成功したりといったことを繰り返す旅」であると言いかえています。したがって、空欄には「問題を解決するために試行錯誤する」という内容が入ることがわかります。

> 思考とは、[問題解決を何とか手繰り寄せようとする実験の過程]に他ならない。
> それは、自分と同じく解答を知らない教師や同輩と探求の旅に出ることである。……道を切り開こうとしたり、……偶然に成功したりといったことを繰り返す旅である。

よって、文中の空欄に入る最も適切なものは、**B**です。

実践演習 ⑨

解答

本文 166 ページ

1 (1)**B** (2)**E**
2 (1)**B** (2)[4] (3)**D** (4)**C** (5)**C**

解説

1 (1)・(2) アとウは接続語、イは指示語で始まるので、最初の文にはなりません。また、オの「たしかに」も前で述べた内容を受ける表現なので、最初の文にはなりません。したがって、エが最初の文になります。次に、エに続く文を探すと、イの「それ」が、エで述べている「考え方」を指しており、「半分正しくて、半分誤り」だという説明につながります。
残った選択肢ア、ウ、オには「語彙力」という共通のキーワードがあります。まず、アで「語彙力」について「それ(言葉)を頭のなかからうまく引きだす力」と述べ、次に、ウで「つ

まり」に続けて「それ(言葉)を実際に使いこなす力、運用力」と説明しています。よって、文脈が通るように並べると、エ→イ→オ→ア→ウとなるので、(1)の答えは**B**、(2)の答えは**E**です。

2 (1) 空欄の前は「人間は、目や顔の表情などを手がかりにして周囲の人々の気持ちを読み、集団全体の雰囲気を感じ取る」という内容です。空欄の後は「ちがった場所、ちがった仲間でも、すぐにその雰囲気に同調できる」という内容です。空欄の前が「理由」、空欄の後がその「結果」を示す内容になっています。よって、[1]に入る最も適切な接続語は、**B**です。
(2) 「肌や目の色、髪の毛の色や形がちがって」とあるので、自分と外見が異なる人々の中にいることについて述べている部分を探します。そこで、「日本でも文化のちがう地域からやってきたり、海外からやってきたりした場合」について述べている[3]と[4]の段落に注目すると、挿入文は、「服装や言葉や食べ物の好みがちがって…みんなと同調できない。」の一文と並立の関係にあるので、後半の[4]に挿入するのが最も適切です。
(3) 「それが日本では一般的だ」の直前に注目し、どんなことが「日本では一般的」なのかを読み取ります。ここでは「新しい集団に入るとき、新しい仲間を受け入れるとき」について説明していますが、このようなとき「ぎこちない関係が生じ」、日本人は「おとなしくしていて、みんなが自分を理解してくれるまでじっと待つ」と述べています。よって、最も適切なものは、**D**です。
(4) 本文と選択肢を照らし合わせて、合致しているかどうかを確認します。
ア 人間は、目や顔の表情などから人々の気持ちや集団社会の雰囲気を感じると述べていますが、そのおかげで「集団で生活できる」とは述べていません。
イ 「新しい仲間の個性を飲み込めていない」ため「ぎこちない関係」が生じることはあ

りますが、理解を拒否しようとしているわけではありません。

ウ　人間は、高い共感能力と同調能力のおかげで、いろいろな仲間と気分を変えてつきあうことができると述べており、ウの内容と合致します。

よって、合致するものを示しているものは、**c**です。

(5)　最後の段落に注目します。文化のちがう地域や海外からやってきて、みんなと同調できない場合は、「自分がどういう人間であるかを明らかに」したうえで、「自分に関心を持ってもらうように働きかける」ことが必要だと主張しています。よって、考えられるものは、**c**です。